Margit Schönberger

Eine
Blattlaus
kommt selten
allein

Margit Schönberger

Eine Blattlaus kommt selten allein

Aus dem Leben einer
wild entschlossenen Gärtnerin

 Knaur

Das Gedicht »Stehend an meinem Schreibpult«
von Bertolt Brecht auf S. 225f. entnahmen wir:
Bertolt Brecht, Werke. Große kommentierte Berliner
und Frankfurter Ausgabe, Band 15: Gedichte 5.
© Bertolt-Brecht-Erben / Suhrkamp Verlag 1993

Besuchen Sie uns im Internet:
www.knaur.de

© 2012 Knaur Verlag
Ein Unternehmen der Droemerschen Verlagsanstalt
Th. Knaur Nachf. GmbH & Co. KG, München
Alle Rechte vorbehalten. Das Werk darf – auch teilweise –
nur mit Genehmigung des Verlags wiedergegeben werden.
Umschlaggestaltung: ZERO Werbeagentur, München
Umschlagabbildung: © FinePic®, München
Illustrationen: Gisela Rüger
Satz: Adobe InDesign im Verlag
Druck und Bindung: GGP Media GmbH, Pößneck
Printed in Germany
ISBN 978-3-426-65502-3

2   4   5   3   1

Inhalt

Mit einem Baumfrevel
fing alles an

Als mein Leben eines Tages im Chaos zu versinken drohte, fiel mein Blick nach langer Zeit wieder einmal in den Garten. Er war im Lauf der Jahre nicht größer geworden. Im Gegenteil. Eine grün beblätterte Schuhschachtel, die dabei war, nach innen zuzuwachsen. Was den Vorteil hatte, dass mir niemand von außen in die privaten Karten schauen konnte. Vorhänge zuziehen war damals wie heute von Ende März bis Ende Oktober abends unnötig: Das Chlorophyll der blickdichten Buchenhecke und einiges andere Blätterwerk deckte über mein nervöses Herumtigern, meine hastigen Abendmahlzeiten vor dem Fernseher und mein wütendes Hadern mit dem Schicksal gnädig den Mantel der Natur. Die ließ sich von inhäusigen Dramen nicht beeindrucken und war munter dabei, vor sich hin zu wuchern. Ein von Menschenhand unberührtes Paradies, das sich selbst geschaffen hatte, sich und den Katzen der Nachbarschaft zum Wohle. Nur gelegentlich gestört von meiner Freundin und Nachbarin zur Linken, die darum bat, wenigstens ab und zu ihren Rasenmäher auch auf meiner Graswildnis spazieren führen zu dürfen. Sie war eine Anhängerin von englischem Rasen und schnitt dessen Ränder mit mathematischer Präzision mit der Nagelschere – die Zunge vor Konzentration zwischen die Lippen geklemmt. Der Anblick meiner Wiese, mit Löwenzahn, Breit- und Spitzwegerich und sogar Ansätzen von Sauerampfer durchsetzt, verursachte ihr Magengrimmen. Vor allem die Löwenzahnschirmchen, die der Wind von mir zu ihr hinüberblasen würde, versetzten sie in Panik.

Und wie gesagt, eines strahlenden Tages im Mai fiel mein trüber Blick auf meinen verwunschenen Garten – und ich war geschockt. Die Wiese war zwar gemäht, aber jetzt zeigte sich auch, dass die abgeworfenen Nadeln der großen Lärche den Graswuchs in einem mächtigen Halbkreis erstickten. Das sah aus, als hätte der Garten eine Halbglatze. Dieser braune Fleck im Bodengrün war wohl die Rache des Baumes, den ich vor Jahren in seinem Säuglingsalter von einer Tiroler Almwiese entführt hatte. Dabei war ich von meinem damaligen Mann gewarnt worden: »Die Lärche gehört uns nicht. Sie gehört auch rein botanisch nicht nach München und schon gar nicht in einen Reihenhausgarten. Außerdem wird sie – falls sie den Gewaltakt des Ausgrabens übersteht – viel zu schnell viel zu hoch wachsen. Das verstößt sicher gegen die Gartenregeln der Siedlung. Lass es sein!« Nun ist das aber so: Wenn ich das Wort »Regel« in Verbindung mit »Verstoß« nur höre, werden alle meine Widerstandskräfte ganz automatisch mobilisiert. Ich grub also umso eifriger und umso tiefer – und setzte meinen Kopf durch. Es wäre mir nie eingefallen, geschützte Pflanzen wie Enzian, Almrausch oder Kohlröschen zu pflücken oder gar auszugraben. Sie wuchsen zuhauf um die Alm herum. Da gehörten sie hin und waren inzwischen überall so selten geworden, dass sie zu Recht unter Naturschutz standen und stehen. Aber eine Lärche – eine von Dutzenden, die um die Hütte herumstanden? Ihre lindgrünen, jungen Nadelbüschel fassten sich außerdem so weich und angenehm an – sie war mir ungeheuer sympathisch. Ich wollte sie in München um mich haben.

Und nun waren etwa fünfzehn Jahre vergangen, vom Mann an meiner Seite hatte ich mich verabschiedet, und das Lärchenkind war ein baumstarker Kerl geworden. Ragte hoch über die Dächer der kleinen Reihenhäuser hinaus. Besucher, die zu mir wollten und sich auf den verschlungenen Siedlungswegen mit der komplizierten Hausnummerierung verirrt hatten, konnten sich problemlos an meiner Lärche orientieren. Dass diese botanische Fahnenstange den Boden meines halben Gartens erstickte, war mir noch nie aufgefallen. Entsprechende Bemerkungen meiner freiwilligen Rasenmäherin hatte ich wohl aus Desinteresse überhört. Nun aber, Chaos im Herzen und auf der Suche nach einer Aufgabe, die meine Seele beruhigen würde, bekam ich den bösen Blick und fand, mein Garten müsste heller werden. Denn das ehemalige Lärchenkind verlor nicht nur turnusmäßig seine Nadelhaare zuhauf, sondern warf auch einen großen Schatten.

»Bei dem schlechten Licht wird nie eine Blume in deinem Garten wachsen!«, tat die Fußballrasen-Verehrerin ein Übriges, um mich aktiv werden zu lassen. Und so beschloss ich kalten Herzens, dem Treiben der Lärche ein Ende zu bereiten.

Sie scheint das dräuende Schicksal irgendwie geahnt zu haben, denn sie trug so viele kleine Lärchenzäpfchen wie nie zuvor. Es schien also zu stimmen, was meine Großmutter mir einmal erzählte: Sterbende Bäume würden »kindeln«, nämlich mit letzter Kraft unendlich viele Samen erzeugen, um so der Art das Überleben sichern. Die PSI-Literatur wusste Ähnliches zu berichten, wie ich mich erinnerte. Die Natur scheint demnach ein geheimnisvolles Kommunikationssystem zu besitzen. Wie sonst wäre die Beobachtung von kanadischen Förstern zu erklären, dass diese verstärkte Samenproduktion der Bäume bis in Nebentäler hinein funktionierte, wenn irgendwo große Baumfällaktionen über lange Zeiträume gestartet wurden. Dass diese »stille Post« meiner Lärche bis zu ihren Verwandten nach Tirol funktionieren würde, wagte ich zwar zu bezweifeln. Aber weiß man's?

Rätselhaftes hin oder her, die Frage war jetzt: Wie wird man einen Riesenbaum mit beträchtlichem Stammumfang, der sich in einem Reihenhausgarten festgesetzt hat – wenn auch nicht freiwillig –, wieder los? Einfach umsägen geht nicht – dafür kann man wegen »Baumfrevel« (es gibt einen entsprechenden StGB-Paragraphen) angezeigt werden. Wussten meine Nachbarn zu berichten. Ganz abgesehen davon, dass das Unterfangen ob der enormen Größe des Tiroler Zwangseingewanderten nicht ungefährlich war. Da man angeblich klüger ist, wenn man vom Rathaus kommt, haben meine fürsorglichen Nachbarn dort für mich Rat gesucht. Das Ergebnis rückte eines Tages in Form einer mehrköpfigen »Kommission« an, die den Tiroler Riesen aus der Nähe und auch von etwas weiter weg begutachtete. Sie trugen ihre Erkenntnisse in Klemmbretter ein und zogen wieder von dannen. Eine Nachfrage am nächsten Tag ergab, so wurde mir berichtet, dass mein nadelnder, lichtfressender Gartenbewohner keine Fürsprecher gefunden hatte. Damit war sein Schicksal besiegelt.

Wenige Tage später fielen drei Männer mit ausfahrbaren Leitern, Kettensäge, Spitzhacken und anderem martialisch aussehendem Gerät in meinen Schuhkarton ein. Als sie nach Stunden wieder gingen – auf dem Anhänger jede Menge handlich zersägtes Kaminholz –, war mein ehemaliger Freund, der Baum, tot. Gelegentlich hört man heute noch auf nostalgisch ausgerichteten Radiosendern Alexandras Lied »Mein Freund, der Baum, ist tot«, dann denke ich an die Lärche, der ich so übel mitgespielt habe. Auch wenn Sie es mir vielleicht nicht glauben: Noch heute habe ich deshalb ein schlechtes Gewissen. Immerhin ist sie auf diese Weise der Anonymität auf einer Almwiese und dem Vergessen entrissen. Das können sicher nur wenige Lärchen von sich sagen.

Der kräftige Wurzelstock hinterließ ein riesiges Loch, und die neuen Lichtverhältnisse im Garten verwirrten mich. Alles vor meinem Wohnzimmerfenster sah plötzlich neu und fremd aus. Lichtbeschienen und der Neuordnung harrend. Das stachelte meinen Tatendurst zusätzlich an: Ich wollte ab sofort eine fürsorgliche und erfolgreiche Gärtnerin werden. Eine, über deren Zaun bewundernde und neidvolle Blicke auf prachtvoll blühende Sträucher und Blumen geworfen würden.

Der Schatz
unterm Glockenstrauch

Noch immer hatte ich jede Menge Ärger am Hals, denn die Trennung von meinem Partner hatte auch eine Menge berufliches Chaos verursacht. Während ich bis zur Lärchenaffäre verbissen in die Abendstunden hinein im Büro gewerkelte hatte, zog es mich plötzlich schon am helllichten Nachmittag nach Hause. Zu meinem Garten. Der zwar noch keiner war, aber einer werden sollte. Wie gesagt: Ein wahres Prachtstück schwebte mir vor. Eines, das jeder Prämierung würdig wäre. Mein Garten sollte alles um ihn herum in den Schatten stellen. Auch oder gerade ohne Lärche.

Noch war davon nichts zu sehen. Selbst mit viel Phantasie nicht. Da gab es zwischen den Beton-Trennwänden zu den Nachbarhäusern eine gepflasterte Terrasse, auf der eine verrostete Biergartenbank stand, die der Vormieter zurückgelassen hatte. Zwischen den Platten wuchsen vereinzelte Grasbüschel. Das waren wohl die, die unter den Lärchennadeln keine Chance gehabt hatten und deshalb vom Wind Richtung Haus verweht worden waren. Von der Terrasse bis zur Buchenhecke am Ende des Gartens und vom linken Maschendrahtzaun bis zum rechten dehnte sich eine langweilige Grünfläche. Eine, die meine Nachbarin sich weigerte, als Rasen zu bezeichnen. Zwei Ausnahmen gab es jedoch: Vor der Buchenhecke, gleich neben der Gartentür, kümmerte ein kleiner Fliederbusch vor sich hin, der bisher zu wenig Licht bekommen und zudem eine schwere Verletzung davongetragen hatte: Er war ein Geschenk zum Einzug von wohlmeinenden Freunden, wurde allerdings bei einem Federballspiel so getreten, dass seine Astgabel kurz über dem Boden gesplittert war. Noch hatte der kleine Fliedernachwuchs sich nicht entschieden, ob er diese Attacke überstehen und doch weiterwachsen wollte.

Die zweite Bodenerhebung – weitaus beeindruckender als der kleine, kümmernde Fliederzwerg – gehörte einem völlig verholzten Strauch rechts vor der Terrasse, dicht am Maschendrahtzaun. Er streckte fünf dürre Astfinger wie um Hilfe flehend gen Himmel. Was für eine Sorte Busch da am Dahinsiechen war, ließ sich nicht feststellen, weil er nur eine jämmerliche Handvoll ängstlich zusammengerollter Blätter ausgetrieben hatte – zu unterentwickelt, um anhand ihrer Form eine Artenbestimmung vornehmen zu können. Die pflanzenkundigen Freunde von links nebenan rätselten eine Weile mit mir darüber, bis die Nachbarn von rechts – die unser Gemurmel auf ihrer Terrasse wohl mitverfolgt hatten – dazustießen und meinten, dass der arme Kerl wohl früher mal eine rosablühende Weigelie, »auch Glockenstrauch genannt«, gewesen war. Soweit sie sich noch an blühende Zeiten erinnern konnten, fügten sie mit einem strafenden Blick auf mich Gartenbanausin hinzu. Die Sache war klar, ich musste wohl noch einmal ein Pflanzenleben auslöschen, bevor ich neues schuf. Diesmal aber wenigstens unter den »humanbotanischen« Vorzeichen von Sterbehilfe, beschwichtigte ich meine aufkeimenden Bedenken.

Aber das konnte noch warten, denn wenn ich Farbe in diese grüne Ödnis bringen wollte, musste ich zuerst einmal Beete anlegen. Für Ornamente à la Versailles oder Salzburger Mirabellgarten war kein Platz vorhanden. Ich würde mich mit randständiger Pracht zufriedengeben müssen. Es hieß doch so schön: »Platz ist in der kleinsten Hütte«, das musste auch für Gärten gelten. Also machte ich mich daran, an den Grenzzäunen entlang die Erde umzugraben. Ich informierte meine Nachbarfreunde über meine Blütenträume (was große Freude auslöste) und bat um Hilfe:

»Könnt ihr mir bitte eine Schaufel leihen?« Das Gartenhäuschen der Profigartler war – wie ich wusste – voller Geräte, wie ich sie wohl brauchen würde.

»Wozu brauchst du denn eine Schaufel?« Meine Bitte stieß offenbar auf Verblüffung.

»Na, um an den Zäunen entlang umzugraben. Ich will doch Beete anlegen!« Worauf mir das Gewünschte mit einem süffisanten Lächeln in die Hand gedrückt wurde:

»Du brauchst das hier. Das ist ein Spaten. Eine Schaufel benutzt man, um Pferdeäpfel aufzusammeln.« Ich lief vor Verlegenheit rot an. Die Enkelin von Bauern – worauf ich bis heute stolz bin –, die sich auch noch für relativ »wortgewaltig« hielt, hatte den Unterschied zwischen Spaten und Schaufel vergessen. Was für eine Schande. Ich war beschämt, hatte aber, was ich brauchte.

Schnell bemerkte ich, dass ich mit meinen dünnsohligen Schühchen auf den Spaten nicht den richtigen Druck beim Einstechen ausüben konnte. Also Schuhwechsel und wieder was gelernt. Jetzt erlebte ich allerdings die ganz große Überraschung: Die Grasnarbe leistete dem Spaten vehementen Widerstand. Ich hörte zwar, wie Wurzeln leise krachend abrissen, dennoch kam ich erst nach Minuten zu meinem ersten Spatenstich-Erfolg. Das konnte ja heiter werden.

»Da wirst du die Spitzhacke brauchen!«, tönte es über den Zaun, und schon wurde mir das schwere Ungetüm gereicht. Abgesehen davon, dass sich meine schwungvollen Bemühungen einige Male im Maschendraht verfingen, kam ich meinem Ziel, Erde zum Vorschein zu bringen, bald näher. An der Stelle, wo bis vor kurzem die Lärche gewurzelt hatte, kam ich sogar im Eiltempo vorwärts. Schon nach kurzer Zeit war ich – der körperlichen Arbeit seit geraumer

Zeit völlig entwöhnt – schweißüberströmt. Mein Kopf glich einem roten, chinesischen Lampion, wie mir auch noch Jahre später immer wieder höchst amüsiert erzählt wurde. Da mir bewusst war, dass ich unter Beobachtung stand, wollte ich mir keine Blöße geben und biss die Zähne zusammen: Einstechen, den Spaten in die Erde hebeln und hochdrücken, die Grasnarbe packen und die Erde abschütteln und so fort. Dabei offenbarte sich mir die nächste Unbill: Es gab unter der ersten Erdschicht mehr Steine, als einem Gärtner lieb sein konnte. Damit war wohl ein weiterer Arbeitsgang vorprogrammiert. Ich sah mich schon zentnerweise Schotter klauben.

Nach Stunden näherte ich mich den Terrassenfliesen und war so den Kontrollblicken endlich entzogen. Ich hatte den anderen bis dahin wohl ein vollwertiges Fernseh-Ersatzprogramm geboten. Zitternd vor Anstrengung, legte ich mit heraushängender Zunge die längst überfällige Pause ein. Mein Blut kochte und sang ein merkwürdiges Lied in meinen Ohren. Erste Zweifel regten sich, ob das Ganze wohl dafür stand? Dabei hatte ich erst eine Zaunseite geschafft und die noch nicht ganz, weil mir da ja noch die verholzte Weigelie im Weg stand. Ich beschloss, für diesen Tag Schluss und am nächsten Tag mit frischem Mut weiterzumachen.

Mit Blasen an den Händen und Muskelkater vom Feinsten, trat ich am nächsten Nachmittag wieder an, meinem Gartentraum ein Stück näher zu kommen. Ich wollte als Erstes das Unangenehmste erledigen und dem greisen Glockenstrauch den Gnadenstoß geben. Das war allerdings leichter gesagt als getan. Die fünf jammervollen Äste – man konnte sie auch als kleine Stämme bezeichnen – konnte ich ohne große Probleme mit Hilfe einer kleinen Säge entfernen. Aber der Wurzelstock schien bis zum Mittelpunkt der Erde zu reichen. Der Spaten versagte völlig, Gott sei Dank lag da ja noch die Spitzhacke herum. Ich kam mir vor wie ein chinesischer Arbeitssklave beim Bau der großen Mauer. Die Erdhügel um mich herum wurden immer höher, und ehe ich mich's versah, stand ich bis zur Hüfte in einem Riesenloch und kämpfte mit den Wurzeln dieses vermaledeiten Strauchs, der einmal eine Zierde gewesen sein soll. Das Ganze erinnerte mich an meinen Zahnarzt, der mir vor Wochen einen Weisheitszahn gezogen hatte und sich dabei ähnlich gebärdet hatte wie ich jetzt in meinem Buddelloch. Von oben her tauchten ab und an Gesichter auf – ich war schon wieder zum spätnachmittäglichen Unterhaltungsprogramm geworden – und nahmen mir damit die Möglichkeit, einfach alles hinzuschmeißen und aufzugeben. Das ließ mein Stolz nicht zu. Plötzlich stieß ich auf etwas Hartes, Metallisches.

»Ein Schatz! Ich habe einen Schatz gefunden!«, entfuhr es mir. Wohl etwas zu laut, denn plötzlich war ich von Menschen umringt, die neugierig zu mir in mein Loch herunteräugten.

»Hoffentlich! Aber ich tippe eher auf ein Abflussrohr! Lass mich das mal lieber machen, bevor wir ein größeres Problem bekommen!«, nahm mir mein nachbarlicher Freund zur linken Zaunseite die Spitzhacke aus der Hand. Er setzte mit viel männlichem Fingerspitzengefühl nur noch den Spaten ein, entfernte die letzten Reste der Weigelienwurzeln auf dem Weg Richtung Australien zu den Gegenfüßlern und zog die »Schatztruhe« lachend an Land. Unsere Gesichter wurden allerdings lang, und speziell meine Enttäuschung war groß: Es handelte sich um einen völlig verbeulten, betonverkrusteten Blecheimer, den die Bauarbeiter vor Jahrzehnten wohl auf dem Baugelände entsorgt hatten. Also kein Rohrbruch in Sicht, aber auch kein unerwarteter Reichtum. Wer hätte wohl auch in den Sechzigerjahren, als unsere Siedlung vor den Toren Münchens gebaut worden war, einen Schatz vergraben sollen? Die meisten Hausbesitzer hatten damals ihr schmales Erspartes zusammengekratzt, um sich die Häuschen überhaupt leisten zu können. Und wenn doch, wer wäre wohl so blöd, einen Schatz beim Auszug nicht auszubuddeln und mitzunehmen? Ich bedankte mich artig für die Hilfe und beschloss, meine Wut über diese unspektakuläre Wendung gegen mich zu richten, da ich sie nicht anders kanalisieren konnte. Autoaggression ist ein probates Mittel, um nicht auf Unschuldige loszugehen. Beschluss: Das frei gewordene Glockenstrauchgebiet würde zu einem Großbeet auf halbe Terrassenbreite erweitert werden. Mein Rücken, meine Knie und meine Armmuskeln schrien auf vor Entsetzen.

Die Invasion
der schwarzgrauen Armee

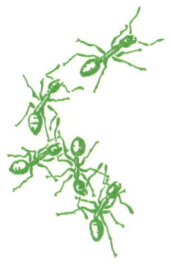

D as Tempo, das ich im Garten vorgab, entsprach
in keiner Weise dem, das ich auf meinem täglichen Weg ins Büro an den Tag legte. Es lag im dritten Stock, ohne Lift, und mein Muskelkater sang mir
auf den Treppen Arien. Im zweiten Stock praktizierte eine Orthopädin, und es passierte mir mehr als
einmal in diesen Tagen, dass mir ihre Patienten, die
besser zu Fuß waren als ich, Hilfe anboten, weil sie
mich für eine Leidensgefährtin hielten, die nach einer Hüftgelenksoperation zu früh entlassen worden
war. In dieser Zeit habe ich gelernt, dass es verschie-
dene Sorten von Schmerzen gibt: Muskelkater ist
eine Art »angenehmer« Schmerz. Das konnte ich
nur niemandem klarmachen. Klingt ja auch irgendwie seltsam.

Endlich oben in meinem Stockwerk angekommen,
riss ich erst einmal die Fenster auf, dehnte mich unter

Ächzen, so gut es ging, winkte den Feuilletonkolle-
gen von der »Abendzeitung« zu, die ihr Büro gegenüber auf der anderen Straßenseite hatten, und widmete mich – schon wieder meinem Garten. Ich füllte
jeden Tag mehrere Coupons aus, die ich in Zeitschrif-
ten fand, ausschnitt und auf Postkarten klebte, um
Gartenkataloge zu bestellen. Tag für Tag trafen mehr
davon ein, und der Briefträger stöhnte immer lauter,
weil er sie nicht mehr in dem im Parterre gelegenen
Postkasten unterbringen konnte und damit in den
dritten Stock keuchen musste.

»Sie satteln wohl um auf Gärtnerin aus Liebe?«,
fragte er mich eines Tages schnaufend. »Passen Sie
bloß auf, so was artet schnell in Arbeit aus und
macht Schwielen an den Händen. Ich weiß, wovon
ich rede. Meine Frau musste unbedingt einen Schre-
bergarten haben. Was da alles anfällt, dagegen sind
die Ausflüge zu Ihnen in den dritten Stock Spazier-
gänge.«

Ich klärte ihn über meine kleine Reihenhaus-
Schuhschachtel auf und ließ mir zusichern, dass ich
ihn im Fall des Falles jederzeit um Rat fragen könne.
Das sollte schneller der Fall sein, als mir lieb war.

Jeden Nachmittag schleppte ich meine Katalog-
beute frohgemut ins Parkhaus und düste mit dem
Auto den langen Schatten des Spätnachmittags in
meinem Garten entgegen – zu den letzten Umgrabearbeiten und zum Steineernten. Ganz Körbe voll
hatte ich inzwischen aus dem Boden geholt. Genug
für das Kellerfundament eines stattlichen Einfamili-

enhauses, wie mir schien. Nur wohin damit? Die Mülltonne war eindeutig nicht der richtige Ort. Also packte ich ein-, zweimal die Woche einen Korb voll meiner steinernen Bodenernte ins Auto und fuhr sie an die Isar. Das kam mir selbst so verrückt vor, dass ich das bis heute noch keinem Menschen erzählt habe … Aber was es bedeutet, »Eulen nach Athen« zu tragen, das wusste ich ab da.

Die Vertiefung in die prachtvollen Pflanzenkataloge war Abend für Abend die Belohnung für des Tages Müh und Plag. Ich schwelgte in vierfarbigen Tulpen-, Gladiolen- und Pfingstrosen-Meeren und kreuzte schon mal alles an, was davon ich in meinem Garten unbedingt blühen sehen wollte. Die Rosenfrage ging ich noch nicht an, denn das sollte die Krönung meiner Mühen sein – die entsprechenden Seiten überschlug ich – mit Absicht – noch. So wie ich mir die Dessertwahl im Restaurant auch bis zum Schluss aufhebe.

Irgendwie hatte ich angesichts dieser Bilder in den Katalogen die Dimension meines Gartens längst aus den Augen verloren. Es ging mir am Ende deshalb wie Woody Allen, der sich einmal darüber wunderte, dass sich das All angeblich ständig ausdehnte, aber die Parkplätze in New York trotzdem nicht mehr wurden.

In der Realität vor meinem Wohnzimmerfenster sah es inzwischen so aus: Die Beete an den zwei Zäunen entlang waren angelegt (und entsteint), das Großbeet auf Terrassenbreite hatte Gestalt angenommen. Nun widmete ich mich den Betonplatten vor den Terrassen-Trennwänden. Die mussten in Dreierreihen entfernt werden, denn da wollte ich ein Kletterrosenparadies anlegen. Auf einer Seite vielleicht aber doch lieber Efeu oder wilden Wein? Dann würde die graue Betonwand verdeckt, die mir schon seit geraumer Zeit ein Dorn in meinen schönheits- und farborientierten Augen war. Das Lösen und die Schlepperei der schweren Steinplatten ähnelte kräfteverbrauchsmäßig dem Wasenstechen und war mit entsprechendem Fluchen belegt. Die Platten stapelte ich kunstvoll vor dem Großbeet und hatte schon wieder einen Geistesblitz: Daraus ließ sich vielleicht ein winziger Steingarten machen? Aber erst einmal mussten die freien Terrassenflächen zu Beeten gemacht werden. Der Boden unter den Platten widersetze sich der Auflockerung noch vehementer, als ich es ohnedies schon gewohnt war. Die Erdschicht war noch dünner, und ich stieß schon nach wenigen Zentimetern wieder auf Schotter. Frustriert beschloss ich, ein paar Tage Pause zu machen und mich auf der Couch in die papierenen Pflanzenverlockungen der Versandgärtner zu vertiefen. So konnten auch meine Blasen an den Händen endlich mal wieder abheilen.

Irgendwann – ich glaube, ich war blätternd gerade bei Astern und Chrysanthemen angelangt – hatte ich das Gefühl, nicht mehr allein im Wohnzimmer zu sein. Mücken? Nein, die wären zu hören gewesen. Schließlich entdeckte mein schweifender Blick einen schwarzen, schnurgeraden Faden, der sich von der Terrassentür in Richtung Küche erstreckte. Dieser Faden bewegte sich. Bei näherer Begutachtung war klar – es handelte sich um Ameisen! Eigentlich bin ich nicht so leicht aus der Ruhe zu bringen, aber so viel Leben in der Bude musste ich wirklich nicht haben. Ich habe zwar nichts gegen Ameisen, solange sie nicht das Leben mit mir teilen wollen –, aber in meinem Wohnzimmer hört die Toleranz auf. Ich reagierte daher panisch, schnappte mir den Staubsauger, entfernte die Bodenbürste und saugte den ganzen Ameisenzug in die Röhre. Mein Saugweg führte mich zur Quelle der Völkerwanderung: Ich musste beim Entfernen der Terrassenplatten ein Ameisennest aufgestöbert haben. Dass die fleißigen Tierchen einen ausgeprägten Geruchssinn haben, las ich später in einem Lexikon nach, und da wurde mir klar, dass meine Honigtöpfchen und Marmeladengläser in der Küche ein unwiderstehliches Signal ausgesendet haben mussten. Und es fielen mir sämtliche Ameisenbegegnungen meines bisherigen Lebens ein.

Bei einem Ausflug mit den Eltern im Gebirge kamen wir an einem riesigen Ameisenhaufen vorbei, und meine Mutter legte ihr ausgebreitetes Taschentuch darauf. Wir beobachteten, wie die Tiere aufgeregt über das Tuch liefen – immer mehr von ihnen. Als es schon fast von Ameisen bedeckt und nicht mehr zu sehen war, zog meine Mutter das Tuch vorsichtig weg. »Merke dir, zerstöre niemals einen

Ameisenhaufen, das sind nützliche Tiere. Sie halten den Wald sauber – man muss sie ihre Arbeit tun und in Ruhe lassen!« Sie schüttelte die Ameisen ab und hielt mir das Tuch unter die Nase. »So riecht Ameisensäure – gut, nicht? Wenn du die auf die Haut bekommst, brennt das allerdings höllisch. Fast so stark wie Brennnesseln!« Und dann erfuhr ich, dass Ameisen einen Staat bilden und eine perfekte Arbeitsteilung beherrschten. Ameisen waren also gut.

Eine andere Ameisenbegegnung hatte ich in einem Tunesienurlaub am Pool des Hotels. Direkt neben meiner Liege verlief eine Ameisenstraße – ähnlich wie jetzt in meinem Wohnzimmer –, und ich machte mir ein Vergnügen daraus, den Tierchen Hindernisse in den Weg zu legen. Es war amüsant zu beobachten, wie sie sie geschickt und unverdrossen überwanden, Umwege liefen, über »Brücken« gingen, ihr Ziel nie aus den Augen verlierend. So funktioniert wohl auch die Menschenwelt. Nach den Mottos »Nur nicht nachlassen« und »Hinterm Horizont geht's weiter«.

All das ging mir angesichts meines neuen Gartenproblems durch den Kopf. Und dann fielen mir – fern jeder Philosophie – noch die berühmten Blattschneiderameisen ein, und ich sah vor meinem inneren Auge, wie sie in meinem Garten die Pflanzenblätter zersäbelten, meinen Blumen damit die Atemwege zerstörten und damit all meinen Gartenträumen den Garaus machten. Nun waren meine ungebetenen Gäste wohl keine Säbelzahntiger, sondern gehörten

wahrscheinlich eher der Art Schwarzgraue Weg-
ameise an. Aber selbst wenn es mir gelingen sollte,
sie von meinen Fleisch- bzw. Zuckertöpfen fernzu-
halten, an den feinen Wurzeln meiner künftigen
Freudenspender würden sie sich vielleicht doch ver-
greifen. Sie mussten also weg. Nur wie? Die zu Rate
gezogenen Spezialisten hinterm linken Zaun sahen
darin kein Problem.

»Ameisentod. Ist doch gar keine Frage! Ein Tag
und eine Nacht, und es ist Schluss mit dem Gewu-
sel.«

»Aber das ist doch sicher pure Chemie. Ich will
kein Gift in meinem Garten haben, das womöglich
auch noch anderen Tieren schadet«, wies ich den
wohl von Erfahrung getragenen Rat zurück. Und er-
gänzte entrüstet: »Ich will doch keinen biologischen
Krieg anfangen.«

Erschrocken war mir klar geworden, dass ich offenbar schon wieder als Todbringerin würde fungie-
ren müssen. Egal, was mir einfallen würde, darauf
lief es wohl hinaus. Es blieb mir aber offenbar nicht
viel anderes übrig, denn der telefonische Rat meiner
Mutter, bei der ich hoffnungsvoll Zuflucht gesucht
hatte – »Versuchs mit kochendem Wasser!« –, lief ja
auch auf die Beförderung in die ewigen Jagdgründe
hinaus. Es war sicher für Ameisen ein Alptraum,
wie ein Hummer zu enden. Vielleicht sollte ich den
kleinen Marschierern, die auf meine Süßwaren aus
waren, ein neues Nest anbieten. Die Nachbarn zur
Rechten, eindeutig sehr viel grüner angehaucht als

die zur Linken – sie kauften damals schon im Biola-
den ein – hatten mich auf die Idee gebracht. Holzwolle mit ein paar Tropfen Honig versehen in einen
Blumentopf geben und diesen so präpariert mit der
Öffnung nach unten auf das Ameisennest stellen.
Dann würden sie dahinein emigrieren. Vielleicht.
Und dann könnte man sie samt ihrem neuen Domizil an irgendeinem weit entfernten Wegrand ausset-
zen. Das gefiel mir, denn so würde ich meine Hände
wenigstens einigermaßen in Unschuld waschen
können. Der Haken an der Sache: Ich konnte kein
Nest entdecken. Die Brüder und Schwestern kamen
aus dem Nirgendwo und vereinigten sich erst an
der Terrassentürschwelle zu einer geordneten For-
mation. Der Staubsauger war also nach wie vor die
einzige Abwehrmaßnahme, bis mir etwas Effektive-
res einfallen würde. Er wurde gar nicht mehr weg-
geräumt und lag lauernd wie ein Raubtier mitten im
Wohnzimmer – bereit, jedes neue Ameisenbataillon
in seinen Schlund zu ziehen.

Auch mein freundlicher Briefträger hatte keine
Erfahrung im Verteidigungskrieg gegen Ameisen.
Aber er war offenbar ein Kommunikationsgenie,
denn am nächsten Tag sprach mich auf dem Weg
zum Parkhaus unser Stadtteil-Polizist an. Er hätte
vom Briefträger gehört, dass ich einer Ameisen-In-
vasion ausgesetzt sei. Ich solle es doch einmal mit
Backpulver versuchen. Das wirke todsicher. »Backpulver?« Ich war skeptisch. Aber warum nicht? Ich
steuerte sofort den nächstgelegenen Supermarkt an

und erwarb eine Großpackung, die für ein ganzes Kuchenbüfett gereicht hätte. Ich streute Backpulver auf allen Wegen, und siehe da, nach zwei Tagen konnte der Staubsauger wieder seine normalen Ruhezeiten genießen. Viele Jahre später erfuhr ich von der Wirkung des weißen Pulvers auf Ameisen. Es ist ein grausamer Tod – ich erspare Ihnen die Details. Damals hatte ich schwer daran zu kauen, dass ich bisher in meinem Garten offenbar die Rolle der Kali, der schwarzen indischen Todesgöttin, spielen musste. Es war meine schwierigste Gartenlektion: Ein Garten ist ein tiefer Eingriff in die Natur. Damit etwas (nach unseren Menschenwünschen) wachsen und gedeihen kann, muss etwas anderes sterben.

Tulpen
aus Amsterdam

Inzwischen hatten wir Ende Mai. Prasselnder Regen, Blitz und Donner sorgten oft tagelang dafür, dass mein Tatendrang in Fesseln lag. Meine Muskeln machten Urlaub auf der Couch – das einzige Werkzeug, mit dem sie es zu tun hatten, waren Besteck, die Fernbedienung des Fernsehgeräts und der Kugelschreiber, mit dem ich unermüdlich und lustvoll meine Kreuzchen in den Pflanzenkatalogen machte. Wobei die Fülle des Angebots mich in meinen gartenarchitektonischen Plänen hin und her schwanken ließ wie Schilfrohr im Wind.

Zudem kam Grünflächenalarm von links.

»Du musst dringend die Beete einfassen. Schau dir das doch an – der starke Regen schwemmt die ganze Erde in den Rasen.« Die Grasdompteuse hatte Rasen gesagt. Das musste wohl ein Versehen gewesen sein. Beeteinfassung also. Schon wieder ein neues Fachgebiet. Spontan dachte ich an Ziegelsteine – ungemauert, schön versetzt geschlichtet. Das könnte einen guten Farbkontrast im Gartenrund geben – Ziegelrot ist eine schöne Farbe. Hat mir immer schon gefallen. Und würde wahrscheinlich rustikal und elegant zugleich wirken.

»Das nimmt dir doch bloß Platz weg. Und wenn du das Ganze nicht mauern lässt, sind die Fugen der ideale Nistplatz für Unkraut. Da kommt man ja mit dem Jäten nicht nach!«, wurde mir sofort Kontra gegeben. Na, dann eben nicht. Und schöne, große, vom Wasser rundgeschliffene Isarsteine?

»Zuerst hast du den Schotter dort abgeladen, und jetzt willst du ihn in XXL wiederholen? Nimm doch diese wetterfesten grünen Bänder, die man als Meterware kaufen kann. Die passen sich der Umgebung farblich an, sind unauffällig und dienen ihrem Zweck. Können wir dir gern besorgen. Ich messe gleich mal aus.«

Ich hatte keine Ahnung, wovon die Fachfrau sprach, war aber froh, mich darum nicht kümmern zu müssen. Ich wollte endlich Blumen pflanzen und mit so etwas Banalem wie einer Beeteinfassung nichts zu tun haben. Als mir diese grüne, wellblechartige Plastik-Scheußlichkeit dann jedoch vor Augen kam, bereute ich mein Desinteresse an dieser Randfrage. Zumal der Kunststoff – wie sich herausstellen sollte – im Lauf der kommenden Jahre nicht nur völlig ausbleichte, sondern auch noch brüchig wurde. Das Ganze wirkte schon bald wie schäbige, durchgelaufene Schuhsohlen am Meter. Das wusste ich zwar damals noch nicht, aber Freude kam trotzdem nicht auf. Nun war es zu spät, ich fügte mich still verzweifelt und mimte Dankbarkeit. Zumal mir die »Installation« des grünen Bandwurms – er wurde mit einem Gummihämmerchen an den Beeträndern entlang in die Erde geklopft – freundlicherweise abgenommen wurde.

Ich war gerade dabei, die ersten Blüher auszuwählen, die ich in meiner Ungeduld noch vor einer größeren Katalogbestellung in den nächsten Tagen in der Gärtnerei kaufen wollte, um endlich etwas Greifbares in Händen zu haben. Da trat ein erneuter Störfaktor in Gestalt der Rasenspezialistin auf.

»Wir« – inzwischen war mein Gartentraum also schon zum sozialen Anliegen geworden – »müssen unbedingt vertikutieren. Ist zwar schon fast zu spät, wir hätten es gleich vor dem ersten Grasaustrieb machen müssen, aber noch geht es, bevor die Sommerhitze kommt. Aber es muss sein, die Grasfläche sieht ja aus wie ein räudiger Hund!«

Das stimmte zwar, aber was vertikutieren sein sollte, war mir dennoch ein Rätsel. Ich sollte es jedoch bald erfahren, was dann auch gleich mit dem Abtransport von unzähligen, prallgefüllten blauen Müllsäcken verbunden war. Ich sah mit Erstaunen zu, wie der Rasenfreak mit einem rollenden Rechen über die Grasfläche rumpelte. Kleine, spitze Hacken bohrten sich dabei zwischen den spärlich sprießenden Grashalmen in die Erde und förderten alten

Grasschnitt, aber vor allem Moos zutage – und zwar bergeweise. Der Vorgang war ziemlich anstrengend, der Boden leistete wieder einmal den höchstmöglichen Widerstand, weshalb mir die rollende Mini-Spitzhacke auch bald übergeben wurde.

»Das entlüftet den Boden, denn der ist durch die verdammten Lärchennadeln und das alte Heu versiegelt wie ein Parkett. Am besten gehst du gleich zweimal drüber. Bei diesen Tonnen von Moos kommst du beim ersten Mal garantiert nicht durch!«

Ich tat, wie mir geheißen, und lernte dabei wieder etwas Neues: Vertikutieren ist die anstrengendste Gartenarbeit überhaupt. Ich sehnte mich schon nach einer Viertelstunde nach den Umgrabearbeiten zurück, die mir angesichts dieses Gezerres wie ein Spaziergang erschienen. So ungefähr musste es sein, wenn man ein Jahr alte Rastalocken mit einem Kamm ausfrisieren wollte. Das Moos türmte sich haufenweise, und als ich es in mindestens fünf großen blauen Müllsäcken weggeschafft hatte, tat sich vor meinen Augen die Wüste Gobi auf. Es waren nur noch spärliche Grasinseln übrig geblieben, und es sah schrecklich aus. Ich stand hechelnd und mit hängenden Armen vor der Bescherung und fühlte, wie ich langsam, aber sicher zum HB-Männchen wurde. Bevor ich explodieren konnte, zeigte sich die Grasflüsterin hocherfreut.

»Wunderbar. Jetzt können wir düngen und neu ansäen. Müssen nur darauf achten, dass uns die Vögel nicht an die Grassamen gehen. Die solltest du schnellstens besorgen, bevor es heiß wird und wir mit dem Gießen nicht mehr nachkommen. Und den Dünger nicht vergessen, denn der Boden ist wirklich ausgelaugt und tot nach all den Jahren.«

Die ganze Aktion versaute mir die kommenden Sonnentage und Wochenenden, an denen ich eigentlich Blumen pflanzen wollte. Ich mutierte zur Vogelscheuche, die ständig auf dem Sprung war, sobald sich ein Vogel auf meinem frisch besäten Acker auch nur ansatzweise niederlassen wollte. Diese verdammten Samenräuber mussten in Schach gehalten werden, damit nicht alle Müh und Plage umsonst gewesen wäre.

Wir hatten Anfang Juni, und noch immer blühte nichts auf meinem kargen Versuchsgelände. Das Einzige, was ich bisher geschaffen hatte, waren kahle Beete – wenn auch ordentlich eingefasst – und ein Acker, der zwischen glatt geklopften Erdflächen, unter denen Grassamen keimen sollten, ein paar schäbige Grasbüschel aufwies. Ich war frustriert und musste irgendetwas dagegen unternehmen. Da kam mir der Katalog eines holländischen Blumenversenders gerade recht, der auf dem Stapel obenauf lag. An diesem Tag brach meine ganz persönliche Tulpenmania aus. Ich bestellte Tulpenzwiebeln en gros. Rote, gelbe, weiße in allen Schattierungen, rotbraune, ja sogar schwarze. Gefüllte, gefiederte und geschlitzte. Papageientulpen und Steingartentulpen. Ich hatte gelesen, dass diese eurasische Prachtblume über Konstantinopel nach Wien und von dort nach Augsburg gekommen war. Dort blühte irgendwann fünfzehnhundertundsoundsoviel die erste Tulpe im Garten eines Ratsherrn. Rot soll sie gewesen sein und großes »ah« und »oh« ausgelöst haben. So sollte es auch mir ergehen – mich dürstete nach gärtnerischem Applaus. Meine Tulpen sollten ebenfalls das große Staunen auslösen, und mir fiel spontan ein, wie ich das erreichen konnte. Die Zeit war bodentechnisch gesehen so günstig wie nie. Meine Bestellung wurde mit Eilbotenporto versehen und ging ab nach Holland.

Während ich ungeduldig auf das große Paket wartete, las ich Tulpenbücher und erfuhr, dass diese Zwiebeln die erste Spekulationsblase der Wirtschaftsgeschichte ausgelöst hatten und diese beim Platzen reihenweise angesehene holländische Bürger um Haus und Hof gebracht hatte. Da wusste ich noch nicht, dass mir die Rechnung, die mit den Blumenzwiebeln kommen würde, eine recht konkrete Ahnung von den damaligen Geschehnissen geben würde. Ich schwelgte in meinen Tulpenphantasien und konnte gar nicht genug kriegen von derlei Geschichten. Bei meiner Intensivlektüre erfuhr ich auch, dass die wunderschönen, mehrfarbig geflammten Sorten aufgrund einer Viruserkrankung entstanden waren und man diesen Effekt auch selbst erzeugen konnte. Man musste lediglich dafür sorgen, dass sich die Wurzeln von »infizierten« Tulpen mit denen von »gesunden« – also einfarbigen – berührten. Dann konnte man im nächsten Frühjahr unter Umständen eine farbmalerische Überraschung erleben. Mein Geheimplan bekam durch diese Information einen zusätzlichen Reiz. All mein Frust war vergessen, und ich fieberte täglich der Paketpost entgegen. Zumal ich mir einen kleinen Zusatzkick gegönnt hatte und auch meine erste Rose mitbestellt hatte: Laut Katalog ein intensiv pink blühendes Stämmchen, das ein kugeliges Köpfchen aus Blättern und Blüten aufwies und wie eine kleine Königin in der Mitte meines Großbeetes residieren und auf die unteren Blumenetagen herabblicken sollte.

Das Paket kam eine Woche später, war nicht übermäßig schwer, aber riesig. Es zu öffnen erzeugte ein Gefühl wie Weihnachten und Ostern zusammen. Das Kuvert mit der Rechnung würdigte ich keines Blickes, sondern stürzte mich auf die Säckchen mit den Tulpenzwiebeln. Das blattlose Rosenstämmchen, das noch gar nichts Majestätisches an sich hatte, stellte ich zuvor noch in einen Eimer voll Wasser auf die Terrasse, damit es nach der langen Reise erst einmal zu trinken bekam. Und jetzt endlich konnte ich in den Zwiebeln wühlen. Allein durch die Berührung tauchten ganze Tulpenfelder vor meinem inneren Auge auf. Ich war überglücklich. Wenn dieses Gefühl dasjenige war, das Pflanzen einem Menschen vermitteln konnten, dann würde ich nie mehr darauf verzichten wollen. Ich begriff, nein ich fühlte, was der Spruch »Gärtnerin aus Liebe« wirklich bedeutete.

Nach der ersten Glückswelle erkannte ich allmählich die Dimension meiner Bestellung: Ob zweihundert Tulpenzwiebeln nicht doch ein bisschen viel für meinen kleinen Garten waren? Andererseits war es vielleicht genau das Richtige, um die virusbedingten, noch nie dagewesenen Farbmutationen hervorzubringen. Jetzt musste ich nur noch einen günstigen Moment abwarten, denn kein nachbarlicher Blick sollte mein Vorhaben stören. Schließlich war ich dabei, die große Überraschung fürs nächste Frühjahr einzuleiten.

Der nächste Tag war ein Sonntag, und ich hatte Glück. Links und rechts brach man mit Mann und Maus zu Familienausflügen auf. Ich war mit meinem Garten und den Tulpenzwiebeln allein und somit unbeobachtet. Und fing sofort an zu pflanzen. Es war nicht sehr schwer, mit einem kleinen Stechspaten die entsprechenden Pflanzlöcher zu bohren. Der Vertikutiervorgang hatte im wörtlichen Sinn den Boden vorbereitet, und ich bohrte auch nicht allzu tief, damit meine Lieblinge es im Frühjahr nicht so schwer haben würden, ans Licht zu kommen. Die Tulpensäckchen hatte ich nach Farben geordnet auf dem lädierten Rasen verteilt, so dass ich zügig vorwärtskam und die Zwiebeln dicht an dicht in den gewünschten Farbformationen unter die Rasensamen versenken konnte. Alle roten kamen in Herzform gepflanzt in die Mitte der Grünfläche. Das würde nächsten März sensationell aussehen und doch noch einen Hauch von Versailles und Mirabellgarten in die gärtnerische Vorstadtödnis bringen. Ich achtete sorgfältig darauf, dass die Oberfläche wieder glatt geklopft wurde, so dass die Grassamen wieder an ihrem Platz waren und niemand merken konnte, dass ich die Geheimoperation »Tulpenfeld« eingeleitet hatte.

Muss ich noch extra betonen, dass ich von jeher Gebrauchsanweisungen für überflüssig hielt? Sie sind im Regelfall in Kisuaheli ähnlichem Deutsch abgefasst und daher ohnedies von keinerlei Hilfe. Bei einem meiner Elektrogeräte stand einmal in der Bedienungsanleitung: »Und dann schalten du die Macht ein.« Ich kam mir vor wie in »Krieg der Sterne« und brauchte lang, bis ich auf das Übersetzungsmissverständnis für »Strom« kam. Seitdem verlasse ich mich auf meinen gesunden Menschenverstand (oder lasse mir die Dinge von elektroerfahrenen Menschen zusammenbauen). Im Fall meiner Tulpen würden die Wetter- und Himmelsmächte dafür sorgen, dass meine Freundin im Frühjahr ihren Rasenmäher zunächst eine Weile »im Stall« lassen und staunend vor einer Tulpenwiese stehen würde. Was für ein Coup!

Zu Besuch
im Pflanzenparadies

M ein mühsam gerodeter Garten wartete darauf, dass nun endlich etwas Sichtbares mit ihm geschah. Das Warten schien ihn zu langweilen, und hie und da spross bereits Ungebetenes aus den Beeten. Unkraut muss man eben nicht rufen, es kommt von ganz allein. Eine erste Liste von Wunschpflanzenkindern hatte ich bereits gemacht, dem Besuch im größten und exklusivsten Pflanzenparadies der Stadt stand also nichts mehr im Wege.

Mit großer Neugier tauchte ich ein in die großzügig präsentierte Welt des grünen Lebens. Hier einzukaufen galt als etwas Besonderes. Bekannte gingen sogar so weit zu behaupten, diese noble Großgärtnerei sei für Pflanzenfreaks das, was Las Vegas für Spielsüchtige sei. Schon am Eingang wurde ich darauf aufmerksam gemacht, dass man heute den blauen Tag ausgerufen hatte. Alle Menschen mit blauem

Farbschildchen an der Kleidung würden zum Personal gehören, seien freundliche Spezialisten und könnten den Kunden jede Frage beantworten. Nichts würden sie lieber tun. Das war beruhigend, denn ich war mir sicher, jede Menge Fragen zu haben.

Der Weg für den geneigten Kunden war wohl von einem ausgefuchsten Marketingexperten angelegt, denn meine Blicke blieben schon gleich nach dem Eintauchen in die warme, feuchte Luft der ersten Glashalle an Pflanzen hängen, deretwegen ich gar nicht gekommen war. Ich befand mich in der riesigen Zimmerpflanzenabteilung, die dermaßen Prachtvolles bereithielt, dass ich am liebsten schon hier meinen großflächigen Einkaufswagen vollgepackt hätte. Roseneibisch in allen Blütenfarben und sensationell rot blühende Kamelien blinkten mich verführerisch an, ebenso wie mir unbekanntes Exotisches, das direkt dem brasilianischen Regenwald entsprungen schien. Gummibäume und Philodendren ließen mich Gott sei Dank kalt. Sie erinnerten mich an Wartezimmer und Büros, wo sie gelangweilt vor sich hin vegetierten und ein ähnliches Schicksal hatten wie die armen Tiere im Zoo. Am liebsten würde man bei ihrem Anblick einen feuchten Lappen in die Hand nehmen und ihre Blätter abstauben, damit sie wieder einmal durchatmen können. Leute, die sich ihre Büros mit diesen lederblättrigen Grünpflanzen vollstopfen, waren mir immer schon suspekt. Ich unterstelle ihnen, dass sie den Gefangenenchor aus »Nabucco« zu ihrer

Hymne gemacht haben, sich in ihren kleinen Büro-
kammern eingesperrt fühlen und sich die exotischen
Pflanzen als Mitgefangene halten.

Die unzähligen Palmensorten fand ich schon
interessanter, denn sie erzeugten Urlaubsgefühle
und erinnerten daran, dass es da hinter unseren Alpen irgendwo dauernde Wärme und südliche Strän-
de gab. Und nicht nur da. Trotzdem waren es ent-
führte Geschöpfe, die in unseren Breitengraden nur
Heimweh haben konnten. Aber bei den Farnen
schlug mein Herz ein bisschen schneller. Wo ein
Farn war, war der Wald nicht weit, und mit Wäldern
waren meine schönsten Kindheitserinnerungen verbunden. Mir stieg der Geruch von Steinpilzen und
Pfifferlingen in die Nase, der Geschmack von Walderdbeeren lag mir fast auf der Zunge, und sonnenbe-
schienene, insektensummende Lichtungen tauchten
vor meinem geistigen Auge auf. Erst kürzlich hatte
ich in *Schöner Wohnen* Bilder von Badezimmern gesehen, in denen prachtvolle Farne standen – sie sahen wunderschön aus, wie sie ihre Wedel huldvoll
bogen. So einen Badezimmerfarn wollte ich auch.
Sein Anblick würde mir schon am frühen Morgen
diese Erinnerungen bescheren und das Gemüt erfreuen, wenn ich aus der Dusche stieg. Meine Hände
machten sich prompt selbständig, umschlossen den
Topf eines Prachtexemplars und hoben ihn in den
Einkaufswagen.

Dem Wegweiser »Zu den Gartenpflanzen« folgend, kam ich an weiteren Verführungen vorbei,

wobei die unzähligen Orchideen mich am wenigsten von meiner Spur abbrachten. Ich fand sie bewundernswert – wem ginge es nicht so angesichts ihrer Perfektion? –, aber von kalter Schönheit. Sie gingen mir nicht ans Herz. Mir waren unsere kleinen, frei lebenden europäischen Verwandten dieser großwüchsigen Glashaus-Schönen sehr viel näher. Ich werde die ehrfürchtige Bewunderung meiner Mutter nie vergessen, als sie mich bei einer Wanderung auf einen blühenden Frauenschuh hinwies. Sie erzählte mir – fast flüsternd, als könnten wir die Blume in ihrem Dasein durch lautes Sprechen stören –, dass der leuchtend gelbe Frauenschuh mit seinen rotbraunen Schuhbändern sehr selten war und auf keinen Fall gepflückt werden durfte. Nicht nur, weil er streng geschützt war, sondern auch, weil man in der Natur sowieso nicht alles abreißen sollte, nur weil man es besitzen wolle. Der Frauenschuh sei ein wahres Wunderwerk Gottes. Und ein erneuter Beweis dafür, dass der Schöpfer am Tag, als er die Blumen und Pflanzen schuf, einen besonders kreativen Tag hatte. Noch eine wildwachsende, heimische Orchidee kannte ich – das »gefleckte Knabenkraut«. Meine Großmutter hatte es mir in der Salzachau gezeigt, durch die wir oft spazierten und die einen sehr spezifischen Geruch nach Knoblauch aufwies. Der kam vom Bärlauch. Dass die Städter bei ihren Wochenendausflügen ihn heutzutage mit Maiglöckchenblättern verwechseln können, ist mir ein Rätsel. Aber wahrscheinlich hatten sie keine Großmutter, die sie an die Hand nahm und Pflanzengeschichten erzählte. Das Knabenkraut jedenfalls beeindruckte mich wegen seiner Ähnlichkeit mit den Hyazinthen in unserem Garten, aber auch wegen einer Legende, die mir meine Oma dazu erzählte und die den seltsamen Namen dieser Orchidee erklärte. Natürlich eine traurige Liebesgeschichte. Ähnlich wie die der blau blühenden Wegwarte, die so lange auf ihren in die Ferne gezogenen Liebsten wartete, dass sie zur Blume wurde.

Die Zuchtorchideen also brachten mich nicht von meinem Vorhaben ab, zu den Pfingstrosen, Maiglöckchen und dem Tränenden Herzen vorzustoßen, die unter anderem auf meiner Einkaufsliste standen. Aber ein Geruch hielt mich auf. Ein Geruch, der mir schon einmal begegnet war – in Venedig an der Ponte dell' Accademia. Da gab es einen Blumenstand, der nur Gardenien in Töpfen anbot. Diese weißen Blüten, deren Knospen sich aufdrehten wie kleine Schiffsschrauben und die einen unvergleichlichen, starken Wohlgeruch verströmten, nahmen mich damals sofort gefangen. Der Anblick der sattgrünen Blätter dieser mir bis dahin unbekannten Pflanze, die so herrlich glänzten, als seien sie frisch lackiert, tat ein Übriges. Seit Jahren habe ich Gardenien bei uns gesucht und nie gefunden. Sie seien sehr empfindlich und nur schwer zu halten, erklärte man mir ein ums andere Mal in den Blumenläden. Jetzt strömte mir dieser venezianische Duft in die Nase, schon bevor ich das Objekt meiner Begierde sehen konnte. Obwohl es unvernünftig war, weil ich wusste, dass mein grüner Daumen (noch) sehr schwach ausgebildet war, zumal für diese empfindsame Schönheit – ich konnte einfach nicht widerstehen. Eine der Duftenden wurde vorsichtig und ehrfurchtsvoll neben den Farn plaziert. Zu diesem Zeitpunkt wusste ich noch nicht, dass mir beide Pflanzen noch großes Kopfzerbrechen bereiten würden.

Endlich mit meinen unvorhergesehenen Käufen im glasüberdachten Freien bei den Gartenpflanzen angekommen, machte ich mich auf die Suche nach meinen Wunschblumen, die alle schon in Gedanken ihren Platz in meinem Großbeet hatten. Meine Lieblingsblumen schon seit Kindertagen sind Pfingstrosen – sowohl die kardinalroten als auch die gefüllten rosafarbigen. Beide Arten schienen schon auf mich zu warten, eine davon schon mit dicken Knospen. Sie war als rot blühend ausgeschildert. Bei der zweiten fehlte die Farbangabe. Jetzt suchte ich nach einem freundlichen Spezialisten mit dem blauen Farbschildchen des Tages. Weit und breit kein Blau zu sehen, nur zwei hellblau blühende Vergissmeinnichttöpfchen, die ich mir auf jeden Fall schon einmal sicherte. Trotzdem rätselte ich noch immer über die Farbe der zweiten Pfingstrose, die noch keine Knospen hatte. Würde sie wohl in diesem Jahr noch blühen? Neben mir hantierte eine ältere Dame mit Maiglöckchentöpfen, die mich an meine Großmutter erinnerte und auf mich wirkte, als sei sie eine versierte Gärtnerin. Ich beschloss, sie zu fragen. Und bekam prompt eine im doppelten Wortsinn erschöpfende Auskunft. Wenn auch nicht die, nach der ich gefragt hatte:

»Ich mag Pfingstrosen nicht. Sie sind mir zu barock und eitel in ihrer übermäßigen Fülle. Aber es gibt interessante Geschichten über sie. In China symbolisieren sie Macht und Reichtum. Es soll eine chinesische Kaiserin gegeben haben, die die Pfingstrose zur kaiserlichen Blume erklärte und ganze Plantagen und Parks davon anlegen ließ. Das Abbild der Pfingstrosenblüte wurde damals wohl in alle Balken und Türen geschnitzt. Und wie's halt so ist in der Politik: Der Nachfolger der Pfingstrosen-Liebhaberin hasste nicht nur die Kaiserin, sondern auch ihre Lieblingsblume und befahl, sie überall wieder zu entfernen. Man muss sich mal vorstellen, wie viele Kunstwerke damals wohl zerstört wurden, nur weil sie die falsche Blume darstellten. Irgendwo hier in Deutschland gibt es angeblich den weltweit größten Pfingstrosen-Kenner, der einmal im Jahr Reisen nach China organisiert, wo es inzwischen wieder ganze Pfingstrosen-Wälder geben soll. Aber wie gesagt ...«

So genau wollte ich es – obwohl interessant – eigentlich gar nicht wissen. Und meine Frage war damit ja immer noch nicht beantwortet. Während ich der Frau höflich zuhörte, stellte ich zwei Maiglöckchentöpfchen in meinen Wagen und liebäugelte mit einem prächtigen Margeritenstrauch, der in einem

Riesentopf, zusammen mit mehreren ebenso ausladenden Artgenossen, gegenüber auf dem Gang stand und mir zuzuwinken schien. Komisch, ganz normale Margeriten, wie sie früher als einstielige Blumen auf der Wiese neben Glockenblumen, Scharfem Hahnenfuß, Schierling, Schafgarbe, Sauerampfer und Klatschmohn wuchsen, schien es gar nicht mehr zu geben.

»Nehmen Sie die Pflanze doch. Selbst wenn sie heuer nicht mehr blüht, werden Sie sich doch nächstes Jahr umso mehr darüber freuen. Wie gesagt, ich mag diese gespreizte Pracht nicht, aber so etwas ist ja schließlich Geschmackssache. Auch die Gardenie da in ihrem Wagen ist so ein aufdringlich aufgeputztes Wesen. Ich bevorzuge …«

Das wollte ich nun wirklich nicht mehr wissen. Bevor sie weiterreden und meinen Blumengeschmack endgültig heruntermachen konnte, dankte ich ihr und schob meinen Karren weiter. Da war ich wohl auf eine Fundamentalistin gestoßen. (Was später noch öfter passierte!) Das Kernstück meines geplanten Beetes, das Tränende Herz, hatte ich bald erspäht. Diese wunderbare Muttertagsblume muss Gott kreiert haben, als er bei der Vertreibung aus dem Paradies Evas Tränen sah. Mein Großvater sagte einmal, der Herzlstock – so hieß er bei uns früher – sähe aus, als würde jemandem das Hemd aus der Hose hängen. So verschieden kann man die Dinge sehen – zumal wenn sie mit Männer- oder Frauenaugen betrachtet werden. Hier gab es nur noch ein Exemplar, und ich griff schnell zu, bevor mir jemand die schöne, in voller Blüte stehende Prachtpflanze streitig machen konnte.

Jetzt fehlten laut meiner Liste nur noch der Rote und der Blaue Fingerhut, eine Königskerze und ein paar Glockenblumen. Auch die gab es – genau wie die Margerite – offenbar nur noch in einer viel voluminöseren Zuchtform. Das zarte, wasserblaue Wiesenexemplar war den Gärtnern wohl zu diffizil. Als Kind liebte ich die Glockenblume ganz besonders und zeichnete sie – abwechselnd mit einer voll erblühten Rose – in alle Poesiealben, in die ich mich verewigen sollte.

Nachdem ich alles auf meiner Liste abgehakt hatte, nahm ich noch den großen Margeritenstrauch mit (der im Beet viel mehr Platz einnehmen würde als geplant) und machte mich auf den Weg zur Kasse. Der war allerdings mit Begehrlichkeiten der besonderen Art gepflastert. Der Rosenabteilung war ich noch rechtzeitig aus dem Weg gegangen, denn diese Königsdisziplin wollte gut überlegt sein. Auch um die Gladiolen, die Lilienknollen und die Sämereien machte ich einen Bogen, sonst würde ich noch Stunden hier verbringen. Die Gartenmöbel ließen mich einen begehrlichen Umweg fahren, aber nach Sichtung der Preisschilder kam ich schnell wieder auf den rechten Weg. Nur um die Glasabteilung mit den herrlichsten italienischen, vielfarbigen Schüsselsets kam ich nicht ohne Halten herum. Auch bei den Kerzen und Windlichtern, bei Platzdeckchen und wirklich schönen Papierservietten blieb ich erneut hängen. Frauen sind verkaufspsychologisch in Gärtnereien wohl ebenso berechenbar wie Kinder an der Supermarktkasse. Aber ich widerstand – nach einem Blick auf Farn und Gardenie …

Endlich an der Kassenschlange angekommen, zahlte ich schließlich den Gegenwert von zwei Paar nicht ganz billigen Schuhen, was mich aber nicht reute, denn erstens besaß ich ohnedies genug davon und zweitens hätte ich sie in meinem neuen Gartenleben ohnedies nicht brauchen können.

Es war nicht ganz einfach, meine lebende Fracht sicher und so im Auto zu verstauen, dass keine Stengel und Blätter geknickt werden konnten. Die betörend duftende Gardenie bekam in einer gut abgepolsterten Schachtel den Ehrenplatz auf dem Beifahrersitz, den Farn brachte ich darunter im Fußraum unter – die ausschweifenden Wedel mittels Folie himmelswärts gebändigt.

Bei der Heimfahrt fühlte ich mich wie ein Cowboy, der sich nach zahlreichen kunstvollen Lassowürfen eine Marlboro ansteckt und in den Sonnenuntergang reitet. Der im Autoradio eingestellte Oldie-Sender hatte so schönes Schmalz wie Belafontes »Island In The Sun« und Simon & Garfunkels »Bridge Over Troubled Water« auf dem Plattenteller. Auch wenn mir daheim jetzt wieder mal das große Graben bevorstand – die neuen Lebensabschnittsgefährten mussten schließlich anständig versorgt werden –, war ich so glücklich, dass ich laut mitsang. Mehr noch, ich pfiff vor Vergnügen und wäre am liebsten Schlangenlinie vor Übermut gefahren. War das Leben nicht schön?

Wie ich zur Schneckenforscherin wurde

P lötzlich waren sie da. Aus dem Nichts. Und fielen in mein prächtiges Blumenbeet ein wie eine Horde Mongolen. Der schon seit Tagen andauernde Nieselregen bei gleichzeitiger Wärme schien den kleinen Biestern zu gefallen. Sie trugen offenbar Tarnkappen, denn man bekam sie nur selten zu Gesicht. Dafür sah man jeden Morgen ihre Fressspuren. Ein Basilikumtöpfchen, das ich auf einer Terrassenstufe plaziert hatte (damit der Weg zu Mozzarella, diversen Pasta und Tomaten in die Küche möglichst kurz war), gab eines Morgens ein Bild des Jammers ab. Die Stengel der Pflanze ragten fast blattlos in den Himmel. Das ehemals blattstrotzende Lieblingsküchenkraut wirkte wie eine rauchende Ruine. Herzzerreißend. Mir war sofort klar, dass ich einer erneuten Gartenplage ausgesetzt war.

Dabei hätte alles so schön sein können. Der Rasen auf meiner glatzköpfigen Wiese zeigte den gewünschten grünen Flaum, was ihm und mir anerkennende nachbarliche Blicke eintrug. Mein Amselscheuchen schien erfolgreich gewesen zu sein.

»Siehste, geht doch!«, schienen diese Blicke zu sagen. Die Zufriedenheit meiner Rasenfreundin war ihr ins Gesicht geschrieben. Fehlte nicht viel und sie hätte ihren Rasenmäher wie einen Hund getätschelt, um ihn auf die kommenden Mähfreuden der nachbarlichen Wiese einzustimmen.

Auch meine Blumenwahl war auf Zustimmung gestoßen, zumal die rote Pfingstrose pünktlich zum Fest des Heiligen Geistes ihre Blütenpracht entfaltete. Das Tränende Herz erntete sogar regelrecht Beifall, weil es weit und breit das Einzige seiner Art war. War im Lauf der Jahre etwas aus der Mode gekommen, ebenso wie das Vergissmeinnicht, das meine Nachbarin an die Augen von Terence Hill erinnerte, wie sie mir enthusiastisch erzählte. Da unser Filmgeschmack nicht der gleiche war, hatte ich damit schon wieder etwas Neues erfahren. Die Fingerhüte wurden allerdings mehr als skeptisch betrachtet.

»Du weißt schon, dass die saugiftig sind? Andererseits« – sie lachte ob ihres eigenen Gedankengangs amüsiert auf –, »wer weiß, wofür man sie einmal brauchen kann! Pfleg sie also gut.«

»Hast du Streit mit deinem Mann?« Diese unüberlegte Erwiderung trug mir einen bösen Blick ein. Ich hatte also ins Schwarze getroffen.

Gekränkt hat mich die vollständige Ablehnung meiner pelzblättrigen Königskerze, die sich stolz streckte und reckte und sich bemühte, möglichst schnell die Höhe der holländischen Stammrose zu erreichen, die nicht unweit von ihr an prominenter Stelle im Beet residierte. Außerdem blitzten schon die ersten gelbschimmernden Blüten aus den Knospen. Der mühsam gerodete und entsteinte Boden schien ihr gutzutun.

»Das ist Unkraut und wuchs früher zusammen mit Brennnesseln auf Schutthalden. Und dafür verlangen die in dem Nobelgartenladen Geld? Dass die sich hier so wohl fühlt, ist der Beweis dafür, dass unsere Gärten alle auf Schotter und Bauschutt angelegt sind. Hat aber vielleicht auch was Gutes. Auf diese Weise sind wir zumindest vor Maulwürfen geschützt.« Na, die hätten mir gerade noch gefehlt.

Ich hatte ja jetzt ohnedies eine andere der sieben Gartenplagen am Hals: Vom ermordeten Basilikum führten silbrig schimmernde Schneckenwege über die Terrassenplatten – allerdings ins erdige Nirgendwo. So konnte ich die kleinen Luder also nicht orten. Mir fiel Patricia Highsmiths Ekelgeschichte vom »Schneckenforscher« ein, und ich bekam die notwendige Wut, um schnellstens über Gegenmaßnahmen nachzusinnen.

Über den linken Zaun zu fragen hatte wohl wenig Sinn. Die Antwort würde wie immer chemiefreundlich lauten: »Eine Großpackung ›Schneckentod‹, was sonst?« In dem Moment fiel mir auf, dass da drüben offenbar noch gar kein Schneckenalarm herrschte, sonst hätte man mir das klagend mitgeteilt, oder ich hätte zumindest entsprechende Flüche gehört. Das rätselhafte Phänomen musste wohl mit meinen Umgrabearbeiten zu tun haben, denn Schneckeneier wurden in der Erde abgelegt, hatte ich irgendwo einmal gelesen.

Als Kind spielte ich stundenlang mit Schnecken »Vater-Mutter-Kind«. Wohl in Ermangelung von Hund, Katze oder Meerschweinchen. In einer flachen Obstkiste breitete ich frisch gerupftes Gras aus und bastelte mir mit Zweigen einen Wohnungsgrundriss. Sogar die Türöffnungen wurden dabei berücksichtigt. Im Schlafzimmer stellten Breitwegerichblätter die Elternbetten dar, im Kinderzimmer verwendete ich die herzförmigen Blätter der Spalier-Aprikose dafür. Das Badezimmer enthielt eine Badewanne, für die eine Seifenschale herhalten musste, das Waschbecken war ein Eierbecher und das Klo ein Schnapsglas. Die Bewohner waren in unserem Garten schnell gefunden: Die Mutter meiner Wahl hatte immer ein helles Häuschen, der Vater ein dunkles und die kleinen Schneckenkinder fast noch durchsichtige. In die Küche legte ich Erdbeeren und frische Salatblätter. Für so ein Spiel würde man ein Kind von heute wohl kaum begeistern können. Und ich war aus diesem Alter mittlerweile ja nun auch heraus. Im Gegenteil – ich sann wieder einmal über Böses nach.

Die Bierfalle meiner Großmutter fiel mir ein. Mit der hat sie wohl so manchen meiner Spielkameraden in den Schneckenhimmel befördert. Dafür musste ein Marmeladenglas im Boden versenkt und halb mit Bier gefüllt werden – der Biergeruch soll für Schnecken angeblich verlockend sein. Und in seinem Lieblingsgetränk zu ersaufen war ja vielleicht nicht ganz so schlimm wie mittels »Schneckentod« aus dem Chemielabor vergiftet zu werden ... Beim nächsten Einkauf im Supermarkt traf ich bei den Getränkeregalen zufällig auf meine Nachbarin.

»Seit wann trinkst du denn Bier?«, fragte sie mich erstaunt. Meiner unüberlegt ehrlichen Antwort schob ich sofort vorbeugend hinterher, dass ich nach wie vor keine Chemie im Garten haben wolle.

»Und du meinst, deine Backpulver-Aktion gegen die Ameisen sei ein humaner Vorgang gewesen? Die Biernummer wird nicht funktionieren, das ist ein Ammenmärchen. Du wirst dich entscheiden müssen. Blumen und Basilikum – oder eklige Schleimfresser! Du kannst natürlich auch nachts mit der Taschenlampe dein Beet absuchen und die Dinger absammeln! Immer noch effizienter als die Biernummer!« Und dir dann über den Zaun kippen, dachte ich wütend – blieb aber stumm und stellte die Bierflasche zurück.

Mein Schrebergarten-Freund, der Briefträger, riet mir zu einem Igel. Nur woher einen Igel nehmen, ohne ihn zu stehlen? Spitzmäuse seien auch scharf auf Schnecken, und Freunde von ihm hielten sich Indische Laufenten. Ob man die ausleihen kann? Bei näherer Betrachtung war schnell klar, dass all das für die Lösung meines Schneckenproblems nicht in Frage kam. Ebenso wenig wie Frösche und Kröten. Obwohl, Frösche … das könnte gehen. Ein paar Häuser weiter legte sich ein Nachbar gerade einen Gartenteich an. Andererseits würde er sich wohl hüten, es sich durch Froschgequake mit den anderen Anwohnern zu verderben. Gerade hatte ich in irgendeiner Zeitung gelesen, dass das morgendliche Krähen eines Hahns von einem Gericht als Lärmbelästigung gewertet wurde. Da konnte man sich leicht ausrechnen, dass Frösche ebenso unwillkommen waren. Außerdem dauerte das zu lange – bis die Leute vier Häuser weiter über Frösche nachgedacht hätten, wäre mein Pommerland längst abgebrannt. Beziehungsweise aufgefressen.

Irgendwer wusste dann, dass Moosextrakt für Schnecken ein Greuel sei. Man müsse Moos – egal welche Art – trocknen und einen Tag und eine Nacht in Wasser legen. Dann abseihen. Wenn man mit dieser Brühe die Pflanzen gießt oder ihre Blätter damit besprüht, würde den Schnecken der Appetit vergehen. Blöd nur, dass ich all mein Moos, mehr als genug davon für fünf von Schnecken heimgesuchte Gärten, nach dem Vertikutieren säckeweise vernichtet hatte. Ohne Moos also nichts los!

Ich rief den Kummerkasten einer Gartenzeitschrift an. Glühwürmchen würden Schnecken lieben, erzählte man mir am Telefon. Es gibt doch schon längst keine Glühwürmchen mehr bei uns, wandte ich ein. Nicht einmal mehr in Italien. Über das Verschwinden der Glühwürmchen hat Pier Paolo Pasolini schon vor langem geschrieben. Der Rat, die Pflanzen im Garten morgens und nicht mehr abends zu gießen, weil die Sache den Schnecken dann zu trocken würde, fand ich auch nicht sehr hilfreich. Es könnte nämlich gut sein, dass es meinen Blumen nach einem heißen, sonnigen Tag ähnlich wie den Schnecken ginge. Gott sei Dank kam wenigstens nicht auch noch der Unsinn mit den aufgestellten Rasierklingen durch den Hörer. Am Ende hieß es, ich solle mich auf den gesegneten Appetit der Amseln verlassen. Ich ließ den Hörer resigniert sinken und hörte nur noch von fern her das Wort »Schneckentod« – dann legte ich auf.

Die Amseln sollten es also richten. Aber die würden mir was pfeifen, nachdem ich sie die ganze Zeit von meinen Rasensamen verscheucht hatte. Ich hörte sie zwar noch, aber in meinem Garten hatte ich schon lange keine mehr gesehen. Die Amseln mögen zwar ein Spatzenhirn haben, aber blöd sind sie nicht.

Sie werden es nicht glauben, aber die Geschichte endete haptisch. Ich sammelte nachts mit der Taschenlampe Schnecken in ein Eimerchen. Nein, ich ertränkte sie nicht. Ich trug sie zum nicht weit entfernten Dorfweiher, auf dem ungefähr hundert kleinwüchsige Enten leben und der von einem Rasenanger umgeben ist. Dort lud ich sie ab. Keine Ahnung, was aus ihnen wurde. Der Weg zurück war jedenfalls selbst für die schnellste Schnecke der Welt zu weit.

Das schwarze Gold
des Gärtners

Nein, ich habe nicht nach Erdöl gebohrt und auch nicht nach Kohle gebuddelt. Das »schwarze Gold« bezeichnet den alchemistischen Vorgang des »Erde-Machens«. Frische, feuchte schwarze Erde, die nach Waldboden riecht. Es ist mir gelungen. Und das kam so: Die Gemeinde, in der ich wohne, warf eines Tages einen Zettel in den Briefkasten, dass man Grasschnitt und andere Gartenabfälle nicht mehr in den Mülltonnen entsorgen, sondern sich dem Kompostieren widmen solle. Obwohl es zwischen unseren Siedlungsgaragen und der Bundesstraße, zwischen ein paar Bäumen und Büschen, ein ausreichend großes Gelände zum Abladen von Rasen-, Hecken- und Baumschnitt gab (im Januar türmten sich dort die vertrockneten Christbäume), war der 150-Meter-Weg wohl vielen gehfaulen Anwohnern zu weit. Was die Müllabfuhr schwer belastete und wegen überfüllter

Tonnen ständig Ärger verursachte. Misstrauen gegeneinander grassierte unter den Reihenhäuslern, und man war kurz davor, Nachtwachen zu organisieren, um die Sünder samt ihren Grasschnittabfällen auf frischer Tat zu ertappen.

Von Biogas war damals in der Politik noch gar nicht die Rede und wenn, dann war das Wort als Bezeichnung von Hirninhalten und den entsprechenden Blubberblasen einiger unserer Volksvertreter gemeint. So etwas traf auf unseren Bürgermeister nicht zu – er war wirklich kreativ. Denn mit dem Hinweis auf das Kompostieren war die Möglichkeit verbunden, Kompostkisten über die Gemeinde zu bestellen. Sie bestanden aus einfachen Holzlatten, die selbst eine technisch unbegabte Frau ohne Werkzeug zusammenstecken konnte. Meine nachbarliche Freundin war begeistert und fand, dass wir da unbedingt zuschlagen sollten.

»Das erspart uns den Weg zum Abladeplatz nach jedem Mähen und hat den Vorteil, dass wir selbstgemachte Erde vom Feinsten bekommen. Denk doch daran, wie viel Geld du für Gartenerde ausgegeben hast! Vom Schleppen der schweren Säcke gar nicht zu reden. Und danach jedes Mal der Plastikmüll! Kaffeefilter und Teebeutel, Gemüseabfall – all das muss nicht mehr in den Mülleimer!«

»Aber das stinkt doch, oder? Ich will einen duftenden Garten und keinen Stinkesilo. Ich siedle doch nicht extra Lavendel und Veilchen an – von der alten englischen Duftrose gar nicht zu reden –, um daneben einen Misthaufen zu setzen. Und wohin damit? Das geht ja nur dort in der rechten Ecke vor der Hecke am Gartenende, dicht vor dem Zaun zum Weg, oder? Wenn wir Glück haben und der kleine Flieder weiter so gut gedeiht, wird er alle Hände voll zu tun haben, gegen die Abfallkiste so nahe an seiner Seite anzuduften. Ob es dem kleinen Kerl gelingt, wage ich zu bezweifeln!«

Schließlich hat mich die Mäherin doch überzeugt.

»Das stinkt nicht, wenn wir alles richtig machen und nur Pflanzliches in die Kiste werfen. Glaub mir, ich kenne mich da aus. Bei uns zu Hause hatten wir auch einen Komposthaufen. Da stinkt gar nichts – im Gegenteil.«

Wir bestellten also zwei von diesen Holzkonstruktionen, denn zwei mussten es wegen der notwendigen Umschichtungen sein. Dieser gärtnerische Vernunftsbeschluss hatte aber Folgen. Natürlich wollte meine Freundin beim Entsorgen ihrer Gemüseabfälle nicht immer über den – wenn auch sehr niedrigen – Maschendrahtzaun steigen. Bei sich konnte sie die Erdproduktionskiste nicht unterbringen, denn bei ihr stand ja schon das raumgreifende Gartenhäuschen, auf dessen Geräteinhalt ich jederzeit Zugriff hatte. Die Kompostkiste auf meiner Gartenseite bedeutete nicht mehr und nicht weniger als einen fairen Ausgleich. Und damit war klar: Der Zaun musste weg. Das würde auch den Transport des Rasenmähers erleichtern, der bisher immer bei einem Gartentürchen raus, über den Weg rumpelnd, beim anderen Gartentor wieder reingefahren werden musste. Das Herz der Rasenhüterin lachte.

Das ihres Mannes weniger, weil er nicht nur den Maschendraht, sondern auch das einbetonierte Halterohr des Drahtzauns entfernen musste. Es saß auf einem tief im Boden verankerten Betonklotz und zeigte wenig Bereitschaft, sich bewegen oder gar ausbuddeln zu lassen. Schon das Beobachten dieser Bemühung war schweißtreibend und erinnerte mich fatal an die »Operation Lärche«. Diese »Wurzelbehandlung« zog sich über ein Wochenende hin, sorgte für einen schiefhängenden nachbarlichen Haussegen und zeitigte am Ende ein Loch von beachtlicher Tiefe. Aber der Zaun war weg und schuf ein ganz neues Raumgefühl. So als seien unsere Minigärten größer geworden.

Mir tat es zwar ein wenig leid um meinen vergossenen Schweiß beim Anlegen des am ehemaligen Zaun gelegenen Beetes, aber es hat ja bekanntlich wenig Sinn, über verflossene Milch zu weinen, tröstete ich mich. Gott sei Dank hatte ich in diesem Beet noch keine größeren Bepflanzungen vorgenommen, weil ich mich bei meinen entsprechenden Überlegungen noch nicht zwischen Mandelbäumchen, Magnolie, Forsythie und einem Falschen Jasmin entscheiden konnte. Jetzt würde also wieder Rasen über meinen mühsam angelegten Zaunbeeten wachsen, aber links freute man sich: Somit hätte der neue, luxuriöse Rasenmäher eine zusätzliche Auslastung, und unsere Kompostmieten bekämen noch mehr Futter zum Erde-Machen.

Aber da war nun das große Loch, das irgendwie gefüllt werden sollte. Das musste man doch ausnutzen, wenn man schon einmal etwas pflanzen konnte, ohne zum Maulwurf werden zu müssen. Wir überlegten bei Kaffee und Kuchen stundenlang herum, was zu unserer Grenzpflanze werden sollte. Was uns zwei Frauen schließlich ein genervtes Männerknurren eintrug:

»Von mir aus könnt ihr Kartoffeln in dem Loch anbauen, das ist mir egal. Aber entscheidet euch, damit ich das Loch zumachen kann und die Erdhaufen aus dem Blickfeld kriege. Diese ewigen Baustellen da drüben gehen mir inzwischen wirklich auf die Nerven!«

Also machten wir Frauen uns auf in die Baum- und Strauchabteilung des Nobelgartencenters. Die Magnolie war eine längere Überlegung wert, auch das von mir schon einmal ins Auge gefasste Mandelbäumchen, doch dann stießen wir auf den Schmetterlingsstrauch, auch als Sommerflieder ausgeschildert. Ein rotbeschilderter Spezialist – wir hatten den Tag der Farbe Rot erwischt – schwärmte uns vor, dass dieser Strauch ganze Wolken von Schmetterlingen wie ein Magnet anziehen würde. Ich sah schon Zitronenfalter, Admirale und Pfauenaugen in unserem Garten wogen, ähnlich einem Regenbogen, unter dem ein Schatz vergraben war. Wir nickten uns zu, streckten schon die Hand nach dem Wunderstrauch aus. Der Hinweis »ideal für Vorgärten« ließ uns aber innehalten und in haltloses, nicht mehr enden wollendes Gelächter ausbrechen.

Der Rotschildrige war zuerst irritiert, und nachdem unser Gelächter einfach nicht nachlassen wollte, ließ er uns beleidigt stehen. Unser unkontrol-
lierter Heiterkeitsausbruch hatte einen peinlichen
Hintergrund, der durchaus etwas mit dem Pflanzenparadies zu tun hatte, den man aber keinem Au-
ßenstehenden erzählen konnte: Der wunderschöne
Farn, den ich bei meinem ersten Besuch gekauft hatte, zierte nämlich nicht – wie geplant – mein Badezimmer, sondern war Blickfang in meinem schatti-
gen Vorgarten geworden. Der vorher lieblos von
namenlosen Bodendeckern überwuchert war und
sowieso schon längst eine gestaltende Hand gebraucht hatte. Der Farn war ein Anfang: Ich hatte
bei meinem Lustkauf nämlich nicht daran gedacht,
dass mein Badezimmer fensterlos war. Da auch ein
Farn nicht nur von feuchter Luft und Liebe leben
kann, ohne Licht also nicht auskam, wurde er in
den Vorgarten ausgesiedelt. Wo es ihm sichtlich
gutging und wo er im Lauf der Jahre sogar viele
Kinder hervorgebracht hat. Wie das geht, weiß ich
bis heute nicht – der Farn soll ja ein geheimnisvolles
Geschlechtsleben haben –, auf jeden Fall habe ich
damals nur den einen erworben, und jetzt sind sie
zu fünft, die Wedelkönige.

Nachdem wir uns von dem Lachanfall im Duett erholt hatten, stach mir ein Bäumchen ins Auge, das
seine Zweige in die Luft kringelte, als seien es in
Zeitlupe erstarrte Schlangen. Ich war sofort faszi-

niert. Das Schild wies den gar nicht mehr so kleinen Kerl als »Korkenzieherhasel« aus. Dieses sich kringelnde grüne Bäumchen wollte ich unbedingt haben. Es würde einen tollen Mittelpunkt unseres neuen Doppelgartens abgeben. Wir waren uns einig und ernteten beim Nachhausekommen sogar Männerlob. Und ein bisschen Sarkasmus:

»Mit dieser hauseigenen Haselnussernte ist die Weihnachtsbäckerei ja gerettet. Das gibt doch sicher ein Blech Vanillekipferl mehr. Sehr gut. Oder kann man die Nüsse von diesem verrückten Strauch etwa nicht essen?« Laut Auskunft der Gärtnerei konnte man.

Der Wurzelstock hatte genau die richtige Größe für das Zaunpfostenloch, das ordentlich gewässert wurde, bevor der sich Schlängelnde in seinen neuen Standort versenkt wurde. Der Junge ist inzwischen über mannshoch und muss im Herbst jedes Jahr schwer gestutzt werden, damit er nicht lärchenhafte Allüren annimmt. Und zu Ostern wird er inzwischen traditionell ein bisschen vorab beschnitten, weil die ungewöhnlich gezwirbelten und gedrehten Zweige besonders dekorative Vaseninhalte für eierbehängte Ostersträuße abgeben. Aber auch die Blüten- und Samen-»Würstchen«, die der Haselbaum über den Winter austreibt, sind äußerst attraktiv und geben im Frühjahr, wenn sie ausblühen, erstes Bienen- und Insektenfutter.

Meine Rasenfreundin hatte nach der Neupflanzung auf den Beetstreifen sofort neue Grassamen ausgebracht. Diesmal sollte sie den Amselschreck geben, darauf hatten wir uns gütlich geeinigt. Wir mussten also nur noch warten, bis unser neuer Großgarten zur Perfektion heranwuchs. Wenige Tage später wurden auch die bestellten Kompostkisten geliefert, und ich bekam nach dem Zusammenbau meine erste Unterichtsstunde in richtiger Erdproduktion: Kein Fett, kein Öl, keine tierischen Produkte, nichts Gekochtes durfte in die Kiste. Ausgenommen Eierschalen. Die wären gut für den Kalkhaushalt des Bodens, sollten aber so fein wie möglich zerdrückt werden. Gejätetes Unkraut durfte nicht sofort in den Kompost, sollte erst welk werden (keine Ahnung, warum). Solches, das schon Samen trug, ging gar nicht. Logisch, man würde mit der frischen Erde – mit der jedoch erst nach knapp einem Jahr zu rechnen war – auch dieses Unkraut wieder aussäen, ohne es zu wollen. Da sah ich eine Schwierigkeit auf mich zukommen: Ich kannte mich unter den Blumen und anderen Pflanzen schon oft nur unter Zuhilfenahme von Gartenbüchern und -lexika aus. Wie sollte ich Reifestadien von Unkrautsamen erkennen? Aber ich sagte nichts und nickte kundig. Im Zweifelsfall musste ich halt jäten, so wie jetzt auch.

Schon am Wochenende kam die erste Rasenschnittfüllung auf die Teebeutel, Kaffeefilter, Kartoffelschalen und anderen Salat- und Gemüseabfälle, die wir brav in unser neues Erdproduktionskistchen warfen. Wilde Rosentriebe folgten, mit der Anweisung, sie mit der Gartenschere möglichst klein zu schnippeln. Und dem Ansinnen der Freundin (wahrscheinlich angestachelt von ihrem Mann, der eher ein Technik- als ein Pflanzen-Freak war und der am liebsten einen keinen, traktorähnlichen Rasenmäher mit Sitz gekauft hätte), wir sollten uns eine Häckselmaschine für den Herbstschnitt der Buchenhecke zulegen. Da trat ich in Mitmachstreik. Ich hatte einen Autokauf auf nächstes Jahr verschoben, da musste jetzt auch kein lärmender Zweig- und Äste-Zerhacker her, nur damit die Kompostkiste schneller voll würde. Auch wenn der Häcksler wesentlich billiger als ein Auto wäre, zugegeben. Trotzdem. Ich wollte keinen gärtnerischen Vorzeigebetrieb aufmachen.

Im Lauf der nächsten Tage kamen regelmäßig pädagogische Ermahnungen: Mit spitzen Fingern wurde mir eine Bananenschale zurück ins Haus getragen, auch ausgepresste Zironen kamen zurück an den Absender, Orangenschalen sowieso:

»Südfrüchte kommen fürs Kompostieren gar nicht in Frage. Ich habe gehört, dass deren Schalen pilz- und bakterienhemmende Substanzen enthalten, aber genau die sind in unserem Kompost vonnöten. Also bitte nur Heimisches in unsere Kiste geben!«

Ich hatte die Mülltrennung gelernt und beherrschte sie inzwischen perfekt, also würde ich auch das richtige Kompostieren lernen. Und ein paar Ausnahmen gab es auch bei den Von-weit-her-Früchten: Gegen Kiwi-Schalen hatte meine Lehrerin nichts einzuwenden. Oder sie hat sie übersehen. Aber Kiwis sind ja sowieso nichts anderes als Riesenstachelbeeren. Können also ruhig wieder zu »Heimaterde« werden. Und sie werden. Schon viele Jahre lang. Hat der Qualität der Komposterde überhaupt nicht geschadet und auch keiner darin wurzelnden Pflanze.

Der Garten
als Nervennahrung

Meine Umgebung merkte es zuerst: Der Garten oder vielmehr die Arbeiten, die er erforderte, hatte eine wohltuende Wirkung auf mein angestrengtes Nervenkostüm. Ich war ruhiger geworden, war nicht bei jeder Gelegenheit gleich auf hundertachtzig, ging Probleme im Büro pragmatisch an und vor allem: Ich konnte wieder selig schlafen, so, wie ich es eigentlich gewohnt war. Früher hätte neben mir eine Pulverfabrik explodieren können – ich wäre nicht aufgewacht. Diese Schlummerseligkeit kehrte jetzt wieder zurück. Keine wilden Träume mehr. Ich wachte jeden Morgen ausgeruht auf und ging nicht mehr mit einem Knödel im Hals ins Büro. Mit anderen Worten: Ich hatte alle meine Sinne wieder beisammen!

Das Allerschönste an dieser Veränderung war jedoch, dass wunderbare, längst verschüttete Erinnerungen wieder auftauchten. Erinnerungen an die Gärten meiner Kindheit und an die Dinge, die mir meine Großmütter, meine Mutter und meine Tante über Bäume, Blumen und Pflanzen erzählt hatten. Sie waren und sind alle große Pflanzenfrauen und Kräuterkennerinnen, und ich konnte jetzt die Hoffnung hegen, dass ich samt meines Stadtmenschen- und Bücherwurm-Daseins und trotz meines Hangs zur Bequemlichkeit auf High Heels blancierend, doch nicht ganz aus der Art geschlagen war.

Beim Anblick unserer prächtig gedeihenden Korkenzieherhasel fielen mir beispielsweise die Geschichten wieder ein, die mir Mamas Mutter dazu erzählt hatte. Ein Haselstrauch am Haus soll böse Geister vertreiben, denn er hat Gottes Segen bekommen: Als Maria, Jesus unter dem Herzen tragend, durch den Dornwald ging, wurde sie von einem Gewitter überrascht. Sie fand unter einem Haselstrauch Schutz vor Regen und Blitzschlag. So die Legende. Es heißt außerdem, das Haselholz sei energieleitend, deshalb weise es Blitze ab, seine Zweige finden zudem als Wünschelruten Verwendung. Da hatten wir uns ja einen richtigen Wunderstrauch mitten in den Garten gesetzt. Jetzt erinnerte ich mich auch, dass die Erwachsenen meiner Kinderzeit manchmal grinsend über jemanden sagten, »die waren wohl in den Haseln«. Was so viel hieß, dass sich ein Liebespaar heimlich getroffen hatte und dieser Begegnung ein außereheliches Kind entsprungen war. Und manche Kinder, die sich ein Geschwisterchen wünschten, wurden angehalten, statt Zucker (für den Storch) Haselnüsse aufs Fensterbrett zu legen. Nun, das kam für die Rasenhüterin und mich wohl weniger in Frage. Aus dem Alter waren wir raus …

Wir hatten inzwischen Anfang Juli. Die Blütenblätter meiner roten Pfingstrose waren nach und nach abgefallen und bildeten einen kleinen, edlen Farbteppich auf der Erde. Mir fiel bei ihrem Anblick ein, dass die Pfingstrose in der oberösterreichischen Heimat meiner Großmütter »Blutrose« genannt wurde und die Blütenblätter bei den Fronleichnamsumzügen auf die Altäre gestreut wurden.

Über meinen im Vorgarten stehenden »Badezimmer-Farn« fand ich in einem alten Pflanzenbuch, das ich meiner Mutter inzwischen abgeschwatzt hatte, eine herrliche Geschichte. Die wollte ich – im Gegensatz zu der Sache mit den Haselnüssen am Fensterbrett – ausprobieren: Wenn man Farnsamen zu Geld legt, so hieß es da in Frakturschrift gesetzt, würde das Geld nie ausgehen. Wenn Onkel Dagobert das gewusst hätte, wären seine ständigen Sorgen wegen der Panzerknackerbande vielleicht etwas geringer geworden …

Inzwischen hatte ich mich ja auch um die Rosenfrage für das Beet an der linken Terrassen-Trennwand gekümmert und Sorten ausgewählt, die farblich kontrastierten: eine weiße, eine rote, eine gelbe und eine hellrosafarbene. Sie würden erst nächstes Jahr blühen, aber der Garten und seine Pflanzen hatten mich inzwischen Geduld gelehrt. Und auch, dass ich mich über Irrtümer und Fehlschläge nicht mehr ärgerte, sondern sie als »Lehrgeld« auffasste, das auch sein Gutes hatte. Diese Gelassenheit würde ich bei den Rosen auch brauchen, wie sich herausstellen sollte. Aber inzwischen war ich beim Thema weiße und rote Rosen auf eine schöne Quelle in der Literatur gestoßen: nämlich auf Shakespeares »Heinrich VI«, wo die beiden Rosenfarben eine wichtige Rolle im sogar historisch verbürgten Rosenkrieg spielen. Der Blick auf mein Rosenspalier würde mich im nächsten Jahr also immer an den größten Dichter aller Zeiten erinnern. Ideal für einen Bücherfreak wie mich.

Für das Beet zu meiner rechten Nachbarsseite vor dem dort verbliebenen Maschendrahtzaun hatte ich dornenarme Heckenrosen ausgesucht, die zwar relativ kleine und unauffällige Blüten tragen würden, aber dafür im Spätherbst und bis in den Winter hinein mit jeder Menge leuchtender Hagebutten noch einmal Farbe in die neblige Zeit bringen würden. Dazu passte auch Goethes »Heideröslein« … auch wenn die meinen nicht stachen. Aber bei uns kamen ja auch keine Knaben vorbei, die das nötig machten. Diese einfachen Wildrosen tun bis heute, was ich mir von ihnen erhoffte. Sie sind pflegeleicht, müssen nur per kräftigen Rückschnitt in ihrem überschwenglichen Wachstumsdrang gebremst werden. Vor allem scheren sie sich nicht um noch so harte Winter und erfreuen die Bewohner beider Gartenseiten mit ihrem unaufdringlichen Dasein. Von den

Wintervögeln ganz zu schweigen, die sich als große Hagebuttenliebhaber herausgestellt haben. Es ist schön, vom Fenster aus – im Warmen sitzend – zu beobachten, wie immer mal wieder schneerieselnde Bewegung in die Heckenrosenzweige kommt und man dann weiß, dass eine Kohlmeise Mahlzeit hält. Gelegentlich wurde auch schon mal eine seltene Wacholderdrossel beim Schmausen angetroffen.

Zwischen den Heckenrosen habe ich es im ersten Gartenjahr mit Ginster versucht. Meine Schwäche für diesen gelben Macchie-Blüher kommt von langen Autofahrten in Italien. Wer die Autobahnstrecke durch die Hügellandschaft zwischen Bologna und Florenz kennt, weiß, was ich meine. Der blühende Ginster schafft im Frühsommer und Sommer beeindruckende Farbexplosionen: Gelb, so weit das Auge schaut. Schon am Brenner habe ich mich immer auf diesen Anblick gefreut. In meinem Garten, etwas verdeckt von den üppigen Heckenrosenzweigen, kam der anspruchslose Wucherstrauch gar nicht zur Geltung. Außerdem sieht er aus der Nähe irgendwie unfrisiert aus. Unsere meist harten Winter taten ihr Übriges und trugen zum Verkümmern und zur endgültigen Verwahrlosung der Gelben bei.

Nachdem ein Parallelversuch mit einem einzelnen Lavendelstock gut geklappt hat, hat dieser Provence-Dufter den Ginster abgelöst. Obwohl er in meinem Garten nicht so stark duftet wie im Garten unserer toskanischen Freundin. Das wärmere Klima in Lucca ergibt wohl mehr ätherische Öle als der klimatisch rauhere und etwas unzuverlässigere Wetterstandort im bayrischen Voralpenland. Vielleicht fühlt sich der Lucceser Lavendel auch von den Olivenbäumen, die in ihrer Nähe wachsen, zum Duften animiert.

In meinem zweiten Gartenjahr würde ich meiner Mutter ein paar von ihren Veilchen und Hyazinthen abbetteln. Die dazugehörigen Geschichten waren mir wieder eingefallen. Das Veilchen wurde laut einer Sage aufgrund eines Schwächeanfalls eines verzärtelten Königssohnes entdeckt: Der junge Mann wurde von seinem alten Vater in eine Schlacht geschickt, konnte aber den Blutgeruch und das enge Zusammenleben mit den Soldaten nicht ertragen. Als ihm die Sinne schwanden, trug man ihn an einen Waldrand, wo ihn ein bis dahin unbekannter Wohlgeruch wieder aufwachen ließ. Seine Soldaten hatten ihn neben blauviolettblühende Blumen gebettet, die bis dahin noch nie jemand gesehen hatte. Ihr Duft war so betörend, dass ihr Ruf in Windeseile um die Welt ging.

Die Hyazinthe wiederum hat einen griechischen Sagenursprung. Apoll hat seinen Freund Hyazinth durch einen fehlgeleiteten Diskuswurf verloren. Die Blutstropfen seiner Kopfverletzung wurden zur ewigen Erinnerung – zur Hyazinthe. Solche Heldenblumen wollte ich im Garten haben. Die Hyazinthenkerzen aus Mutters Garten haben sich seltsamerweise bei mir im Lauf der Jahre verwandelt, und zwar in Sternhyazinthen, auch Schneeglanz genannt. Als sie eines Tages im Frühjahr im Rosenbeet auftauchten, hielt ich sie zunächst für Leberblümchen. Die schwertförmigen Blätter sprachen jedoch dagegen. Gepflanzt hatte ich beides nicht. Jahr für Jahr taucht diese blausternig blühende grüne Blätterflut ungerufen nach der Schneeschmelze auf. Und lässt sich auch durch das Entsorgen der Blattflut, die an winzigen Zwiebelchen hängt, nicht von diesem Kreislauf abbringen. Pünktlich im Frühjahr stehen die blauen Sternchen wieder stramm. Und dieses Jahr entdeckte ich mittendrin eine Traubenhyazinthe. Auch aus dem Nichts kommend, nicht von mir gepflanzt. Noch dazu höchst selten: Laut Internet steht die Traubenhyazinthe auf der Roten Liste. Kann es sein, dass Hyazinthen zu anderen Sorten aus ihrer Familie mutieren? Das Ganze ist jedenfalls ein großes Rätsel.

Auch unsere Freunde in Tirol wussten jede Menge Geschichten über ihre Pflanzen zu erzählen. Vom »Almrausch«, der Alpenrose, die sich die Männer nach gut gegangenen, gefährlichen Klettertouren (in Ermangelung von schwer zu findendem Edelweiß) an den Hut steckten. Allerdings bevor diese widerstandsfähige und übrigens sehr giftige Rhododendronart der Alpen unter Naturschutz gestellt wurde. Die Berggeister wachen wohl eifersüchtig über ihre Pflanzenwelt, und so mancher Almrauschfrevler sei schon durch Blitzschlag getötet worden, weiß der Aberglaube zu berichten. (In diesen Höhen über der Baumgrenze gibt es eben auch keine Haselsträucher, die dagegen wirken könnten.) Als ich zufällig beim Lesen entdeckte, dass die Alpenrose eine Rhododendron-Art war, fiel mir endlich ein, welchen Nachbarn ich meinem Farn in den immer noch stark vernachlässigten Vorgarten pflanzen würde. Einen rotblühenden Rhododendron. Die Pflanz- und Pflegeanweisungen im Gartencenter hörten sich zwar kompliziert an, brachten mich aber Gott sei Dank nicht von meinem Entschluss ab. Und da steht er nun seit über 20 Jahren, der Almrausch-Verwandte, und blüht jedes Jahr im Spätfrühling brav und zuverlässig. Selbst eine vergessene Düngung nimmt er nicht krumm. Spart dann nur ein paar Blüten ein, was bei der Fülle aber kaum auffällt.

Meine Gardenie
kann mich nicht leiden

M eine Augen ruhten wohlgefällig auf den Pflanzen in meinem Garten. Aus der grünen Wüste war ansatzweise ein ansehnliches kleines Paradiesimitat geworden, das schon einen Hauch von meinen anspruchsvollen Zielen ahnen ließ. Es duftete und summte, denn auch die Bienen, Wespen und Hummeln hatten diesen neuen, gut gedeckten Tisch entdeckt. Käfer und anderes Kleingetier krabbelte und wuselte und ging emsig seinen gottgegebenen Aufgaben nach. Meine noch vor Wochen bis zum Anschlag gespannten Nerven summten und brummten entspannt mit. In der Kompostkiste waren Billionen von Bakterien tätig, um die grüne Pflanzenabfallmaterie in ihre Einzelmoleküle zu zerlegen und bis zum nächsten Frühjahr zu einem erdigen Vitamincocktail für die Gartenbewohner werden zu lassen.

Wo ich auch saß – drinnen oder draußen –, lagen Schreibblock und Stift neben mir. Ich notierte eifrig Pflanzen, die ich noch besorgen wollte, um sie in meinem Garten anzusiedeln. Der Rittersporn fehlte mir noch. Möglichst ein weißer sollte es sein, der würde wunderbar mit den Fingerhüten kontrastieren und gut zu den Hochgewachsenen passen. Auch ein paar Akeleien wären schön, deren auffällige Sporen hinter den »Blütenohren« könnten dann mit denen des Rittersporns um die Wette eifern. Dass das Dürer-Bild der Akelei so oft auf Postkarten – ähnlich dem des Hasen und der betenden Hände – um die Welt geschickt worden und damit fast zu Kitsch verkommen war, störte mich nicht. Erstens tat es der Schönheit der Blume keinen Abbruch, und zweitens konnte sie ja nichts dafür. Auch Ranunkeln standen auf meiner Liste – herrliche Frühblüher, die mein ganz persönliches, holländisches Tulpenfeld mit ihrer Farbpracht ablösen würden.

Auch Blicke aus dem Autofenster brachten mich immer wieder auf neue Ideen. Kurz vor Regensburg beispielsweise wachsen auf den Seitenhängen der Autobahn herrliche wilde Lupinen zuhauf. Auch diese prachtvolle Kerzenblüherin kam auf meine Liste. Und neben der Salzburger Autobahn, kurz vor Bad Reichenhall, prangten – so erinnerte ich mich – unzählige Schlüsselblumen im Frühjahr. Ich wollte mich für nächstes Jahr also auch um ihre Art bemühen.

Was mein Draußen betraf, war ich also rundum zufrieden. Man konnte sogar sagen – glücklich. Aber in meinem Wohnzimmer regierte das pflanzliche Unglück. Meine Gardenie mochte mich nicht. Voll der Liebe im Herzen, mich an eine erste Begegnung mit ihrer Art in Venedig erinnernd, hatte ich sie an einem »blauen Tag« im Gartencenter erworben. Sie war voller Knospen gewesen, ihre Blätter hatten wie poliert geglänzt, und sie hatte den besten Platz im Raum erhalten: ganz hell, aber nicht direkt von der Sonne beschienen. Ein paar Knospen waren voll erblüht und verbreiteten den sagenhaften Duft, der so einmalig ist. Doch dann fing die Gardenie an, die Knospen abzuwerfen. Nicht nur über Nacht, sondern auch, während ich sie beobachtete und bewundernd mit schmeichelnder Stimme auf sie einsprach. Mit einem leisen Geräusch landeten die halbgeöffneten Knospen vor meinen Augen auf dem Glastisch. Mir kamen diese leisen »Plopps« vor wie große, schwere Tränen. Am liebsten hätte ich auch geweint. War es ihr zu warm im Raum? Hätte ich das Gießwasser entkalken sollen? Habe ich zu viel oder zu wenig gegossen? Vertrug sie den abendlichen Zigarettenrauch nicht? Es war, als würde die Pflanze Trauer tragen. Ich war unglücklich und redete mir ein, dass ich dieser Pflanzenkönigin eben nicht würdig sei und ich einfach noch immer keinen grünen Daumen hätte. Zumal ich auch schon früher mit Zimmerpflanzen sehr unglückliche Beziehungen gehabt hatte.

Vor Jahren, als ich beruflich noch nicht so eingespannt und weniger mit meiner Karriere beschäftigt war, hatte mir schon einmal ein Papyrus die rote Karte gezeigt. Da ich dazu neige, es mit dem Gießen immer etwas zu gut zu meinen, hatte ich mich für diese afrikanische Sumpfpflanze entschieden. Die konnte gar nicht genug Wasser bekommen, war das ja von den Ufern des Nils gewohnt. Außerdem war Papyrus dermaßen symbolträchtig für meinen Beruf als Verlagsbuchhändlerin, dass er einfach die Zimmerpflanze meiner Wahl war. Was hatten die Ägypter wohl alles auf Papyrus geschrieben? Beim Bibliotheksbrand in Alexandria war so vieles davon für immer verloren gegangen. Die Betrachtung meines Papyrus war äußerst phantasieanregend – schon allein deshalb war ich ihm äußerst zugetan. Und doch wurde er immer blasser, verlor sein Grün und wirkte sonnenverbrannt. Eine Zimmerpflanzenexpertin, die ich damals zurate zog, diagnostizierte einen Befall durch die rote Spinne. Aber kein Besprühen mit chemischem Abwehrzauber (ja, sogar dazu ließ ich mich in meiner Sorge hinreißen!), kein Umtopfen, keine Dusche in der Badewanne und keine liebevollen Therapiegespräche konnten Abhilfe schaffen. Ich wurde zur Papyrus-Witwe.

Nach pietätvollen Trauermonaten hatte ich einen neuen Versuch gewagt, einen pflanzlichen Mitbewohner ins Haus zu holen. Diesmal entschied ich mich für eine Fächerpalme. Stolz und attraktiv schmückte sie einige Wochen mein Wohnzimmer. Bis auch sie zu kränkeln anfing und ein Opfer dieser verdammten roten Spinne wurde, die ich auch diesmal nicht einmal mit bloßem Auge sehen konnte. Wo kamen diese Biester nur immer her? Mein Haushalt war sauber und giftfrei. Das konnte ich beweisen, weil normale Spinnen das Haus mochten und fleißig frequentierten. Es hieß doch immer, Spinnenbesuch im Haus sei ein gutes Zeichen und spreche für eine biologisch einwandfreie Atmosphäre. Ich war zwar nicht scharf auf Spinnen – noch weniger auf ihre Webfäden –, habe aber noch nie eine getötet. Weder damals noch heute. Wenn mir eine begegnet, schiebe ich ihr ein Blatt Papier unter und trage sie sorgsam ins Freie. Heute geht das nicht mehr, weil die zwei Katzen, die inzwischen zum Haushalt gehören, schneller sind und Spinnen offenbar zur Leibspeise erkoren haben. Bei den Spinnen tut mir das leid, bei den Weberknechten nicht. Diese wippenden Hängebrücken auf unzähligen Beinen sind mir unheimlich. Dabei sind auch sie völlig harmlos, wie ich immer wieder gesagt bekomme. Vergeblich: Weberknecht, mir graut vor dir.

Das Pflanzensterben ging mir näher, als ich irgendjemandem gegenüber zugegeben hätte. In einem PSI-Buch hatte ich einmal über die Sensibilität von Pflanzen gelesen. Unter anderem von einer, die »Zeuge« eines Mordes gewesen war und – im Rahmen eines Versuchs – mit Elektroden verkabelt wurde. Sprachen die Versuchspersonen beispielsweise beim Gießen mit ihr freundlich und ihr zugewandt, waren die so gemessenen Kurven gleichmäßig. Wurde sie nachlässig behandelt, ja wurde im Raum vielleicht sogar laut und ungehalten miteinander gesprochen, schlugen die Zeiger des Messgerätes aus. Die Pflanze schien Stimmungen aufzunehmen und widerzuspiegeln. Als ein bestimmter Mensch das Zimmer betrat und sich ihr näherte, schlug der Zeiger wie wild aus. Später stellte sich heraus, dass er der Mörder gewesen war. Greifen Sie sich ruhig an den Kopf. Auch mein Verstand tat und tut solche Geschichten als Räuberpistolen ab. Trotzdem. Seit dieser Lektüre sprach ich manchmal mit Pflanzen, sah sie mit anderen Augen an. Mein Pflanzensterben nahm ich persönlich und befürchtete, dass irgendetwas nicht in Ordnung mit mir sei. So hielt ich es übrigens auch mit Tieren. Hunde, die mich anbellten, oder Katzen, die mir auswichen, machten mich von jeher unsicher, und ich suche die Gründe dafür immer bei mir. Gott sei Dank kam und kommt das – tiergewohntes Landkind, das ich bin – nicht oft vor, sonst hätte ich mir selbst eine Therapie verschrieben. Andererseits gibt es wohl auch schlimmere Charakterzüge als den Selbstzweifel. Trotzdem wollte ich es jetzt genau wissen.

Getreu dem Motto, wenn dich dein Pferd abgeworfen hat, steig wieder auf, sattelte ich das meine und ritt wieder einmal Richtung Nobelgartencenter. Ich wollte einen neuen Versuch machen. Zumal die kühleren Jahreszeiten näher kamen und der Garten mir als Freudenspender und Seelenbalsam bald nicht mehr zur Verfügung stehen würde. Die Zeit

seines Winterschlafs wollte ich mit inhäusigen Pflan-
zenfreuden überbrücken. Die gärtnerischen Berater
trugen an diesem Tag die Farbe Gelb – eine meiner
Lieblingsfarben. Das nahm ich als gutes Zeichen.
Die Orchideen und alle anderen blühenden Exoten
ließ ich ganz bewusst links liegen, strich eine Weile
um ein paar prächtige Palmen von beeindruckender
Größe herum. Sie würden zwar meine gekränkte Ei-
telkeit befriedigen, in meinem Wohnzimmer allerdings wie Skulpturen wirken. Angeberei war das
Letzte, was ich mit meinem Pflanzenkauf bezwe-
cken wollte. Es war nicht viel los an diesem Tag, und
eine »Gelbe«, der mein suchender Blick aufgefallen
war, wollte mich beraten. Am liebsten hätte ich gesagt: »Ich suche eine Pflanze, die es mit mir aushält.
Eine, die meine Liebe erträgt und vielleicht sogar er-
widert.«

Das wäre aber zu peinlich gewesen, so murmelte
ich nur etwas von »attraktiv, aber pflegeleicht«. Und:
»Bloß kein Gummibaum und auch nichts Philoden-
dronartiges!« Worauf ich prompt zu den Kakteen
geführt wurde. Kakteen konnte ich nicht leiden,
ebenso wenig wie Terrarien. Das war mir dann doch
eine etwas zu kleine Herausforderung. Obwohl der
Weihnachtskaktus meiner Mutter ein im wahrsten
Wortsinn blühendes Gegenbeispiel war. So weit
meine Erinnerung zurückreichte, kamen regelmäßig
im Winter Besucherinnen, nur um diese rotblühende Pracht zu bewundern, die ein ganzes Fenster aus-
füllte und sogar die Schönheit unseres prächtig her-

ausgeputzten Christbaums in den Schatten stellte. Dieses Bild vor Augen, kam ich kurz ins Schwanken. Aber es war kein Weihnachtskaktus im Angebot. Und das Thema Farn war auch schon abgehakt, der Fehlkauf vom letzten Mal hatte seinen Platz ja gefunden.

Doch dann stand ich plötzlich vor der Pflanze, die mich so beeindruckte wie selten eine zuvor.

»Das ist ein mexikanischer Flaschenbaum, auch Elefantenfuß genannt. Unkompliziert, also leicht zu pflegen. Und äußerst attraktiv.«

Wohl wahr – ich hatte mich wieder einmal spontan verliebt. Der Stamm wirkte wie eine runde Bocksbeutelflasche, die sich mittels eines langen Halses nach oben verjüngte. Aus dem Stamm entsprangen herrlich geschwungene, lange, schmale Blätter. Das Ganze sah aus wie ein grüner Springbrunnen.

Um es vorwegzunehmen: Der Flaschenbaum und ich wurden viele Jahre miteinander glücklich. Er thronte auf dem Fensterbrett gleich neben der Terrassentür und war eine wahre Augenweide. Er hat mich in seiner majestätischen Fülle sogar einmal vor einem Einbruch gerettet. Das war zumindest die Meinung der Polizei. An einem ganz normalen Mittwochnachmittag hatte eine dreiste Einbrecherbande die ganze Häuserreihe heimgesucht. Sie brachen mit raffinierten Methoden die Fenster neben den Terrassentüren auf und konnten so die Türen aufhebeln.

Mein riesiger Flaschenbaum – der von außen doppelt mächtig wirkte – war ihnen in meinem Fall nicht nur im Weg: Ihn herunterzustoßen hätte zu viel Lärm gemacht. Außerdem wirkte mein aus Holz geschnitzter Widder, der seit Jahren neben dem Esszimmertisch wacht, von außen wohl wie ein Hund, der jede Sekunde losbellen könnte. Aus Dankbarkeit habe ich diesen etwas kitschigen Kerl, den mir Freunde als Geburtstagsgeschenk aus Thailand mitbrachten, nie entsorgt. Er und der Flaschenbaum sorgten dafür, dass ich unbestohlen davonkam.

Ein schwarzer Afghane in meinem Garten

Inzwischen hatte sich herumgesprochen, dass ich eine Gartennärrin geworden war. Kein Wunder – es gab kaum ein Gespräch, das ich am Ende nicht geschickt auf das Thema Blumen und Pflanzen brachte. Sogar meine Geburtstagskalender – auch der meiner beruflichen Kontakte – wurden durch mehr oder weniger raffiniertes Abfragen um die Notierung der Lieblingsblumen ergänzt. Abgebrochene Fingernägel, von Rosen verursachte Kratzspuren an Händen und Armen wiesen mich für Kenner ohnedies als Gärtnerin aus. Für eine Pressechefin und Journalistin, die eigentlich immer wie aus dem Ei gepellt wirken sollte, nicht unbedingt ideal.

Ein äußerst peinlicher Vorfall – ein übersehener Trauerrand unter einem Fingernagel – löste bei einem hochfeinen Presseessen mit Journalisten ein großes Gejohle aus. Gott sei Dank kannte ich sie alle gut genug, so dass meine Entschuldigung, begleitet von einem hochroten Kopf, auf Wohlwollen stieß. Einer wollte mir zur Seite springen und meinte: »Ich habe immer schon gewusst, dass das berufliche Engagement unserer Gastgeberin enorm groß ist. Dass sie sogar den Salat für unser Essen mit eigenen Händen ausbuddelt, macht ihr allerdings keiner so schnell nach.«

Das alles kam daher, dass ich höchst ungern mit Handschuhen im Garten arbeite. Ich will die Pflanzen und die Erde an den Händen spüren. An jenem Morgen hatte ich vor der Fahrt ins Büro noch rasch einen Klatschmohn eingesetzt, den ich neben der Garage blühen sah und für den Garten retten wollte, bevor ihn jemand zum Unkraut erklärte und ausrupfte. Ich war spät dran und hatte in der Eile wohl zu nachlässig mit der Handbürste gearbeitet. Es war mir eine Lehre.

Wenige Tage später rief mich einer der Gäste des Presseessens an, der Zeuge meines Garten-Outings geworden war.

»Kann ich einen halben Quadratmeter deines Gartens mieten? Ich hab da eine Versuchspflanze, deren Gedeihen ich gerne beobachten möchte und die in meiner Mansardenwohnung einfach zu wenig Luft und Licht bekommt.«

Da ich neugierig und sowieso immer für Experimente zu haben bin, sagte ich zu. Schon am nächsten Spätnachmittag kam er mit einem Blumentopf im Arm an. Die Grünpflanze hatte zwar schöne, sternförmig angeordnete Blätter, sah ansonsten aber nicht aufregend aus.

»Was ist das denn? Und wird es schön blühen? Dann würde ich euch ein Plätzchen zwischen Stammrose und den Fingerhüten, da neben der Königskerze anbieten«, schlug ich vor.

Der beflissene Gartenmieter wehrte ab und meinte, direkt neben der Kompostkiste, in deren Schatten und dem der Heckenrose, das sei der ideale Platz. Wir buddelten den Neuling also auch gleich genau dort ein. Was immer daraus würde, zur Geltung würde die Pflanze da nicht kommen, so viel stand fest.

»Die schönsten und interessantesten Blumen wachsen doch sowieso im Verborgenen, stimmt's?«, grinste er meinen Hinweis weg. Wie die Pflanze heiße, wisse er selbst nicht, er habe sie von einem Freund, und es handle sich um ein Experiment. Sie bedürfe auch keiner besonderen Pflege, ich solle sie einfach zusammen mit den meinen gießen, wenn es wettermäßig notwendig sei. So wurde es nach dem Einpflanzen und dem ersten Pflanzguss bei einem Glas Wein beschlossen. Er wollte in vierzehn Tagen mal nach seinem Schützling und meinem Pflegekind sehen.

Meine Freundin von links registrierte bei ihrem täglichen Gang zur Kompostkiste den Neuzugang und war gar nicht zufrieden, weil ich über den Neuling so gar nichts zu berichten wusste.

»Nennen wir sie doch Rumpelstilzchen, solange wir nichts Näheres wissen«, flachste ich. Später sah ich den nachbarlichen Ehemann über das namenlose Findelkind gebeugt und anschließend kopfschüttelnd nach links zurück in sein Terrain marschieren.

Kurz darauf wurde ich zum Sonntagsfrühstück auf der Nachbarsterrasse eingeladen, was ich gerne annahm. Die Gastgeber waren irgendwie betreten, wortkarg und warfen sich andauernd merkwürdige Blicke zu.

»Weißt du wirklich nicht, was das für ein Gewächs ist, das du da neben unseren gemeinsamen Kompostkisten einquartiert hast?«, wurde ich schließlich mit einem fast lauernden Unterton gefragt.

»Nein. Ehrlich nicht. Aber warum flüstert ihr denn?«

»Das ist Hanf. Haschisch. Du baust hier Marihuana an. Das ist verboten. Und wenn du nicht willst, dass wir demnächst die Polizei in unserem Garten haben, musst du das Zeug sofort verschwinden lassen! Und zwar presto! Wir wollen nichts damit zu tun haben!«, wurde mit nach wie vor unterdrückter Lautstärke zurückgezischt.

Ich war gerade dabei, eine knusprige Semmel aufzuschneiden – mir glitt vor Schreck das Messer aus der Hand. Und mir fielen alle Gruselgeschichten zum Thema ein, die ich aus meiner Umgebung gehört hatte.

Eine Freundin hatte sich von ihrem Mann getrennt und war mit den noch kleinen Kindern zu ihrem

Freund in ein großes Haus mit Garten gezogen. Ein schmutziger Krieg um das Sorgerecht entbrannte. Als der Ex im Garten Cannabis-Pflanzen entdeckte, als er einmal die Kinder für »sein« Wochenende abholte, sah er seine Chance gekommen. Er zeigte nicht nur den neuen Lover, sondern auch seine Ex wegen Drogenanbaus an. Was fast automatisch den Entzug des Sorgerechts zur Folge haben konnte. Mehrere Anwälte hatten monatelang alle Hände voll zu tun, das zu verhindern. Meine Freundin war verzweifelt und bedauerte immer wieder, dass je entdeckt worden war, dass man mit Hanf auch noch etwas anderes anstellen konnte, als Stricke und Textilien daraus zu machen.

Und der Bekannte eines Bekannten hat seine mietgünstige Wohnung verloren, weil er dachte, seine achtzigjährige Vermieterin könne Cannabis nicht von Brennnesseln unterscheiden. Zwischen die hat er sein Traumkraut in seinem Hinterhof-Gartenanteil nämlich gesetzt. Die alte Dame war gewitzter, als er dachte, und kündigte ihm kurzerhand die Wohnung. Auszug innerhalb einer Woche unter Verlust der Kaution – oder Anzeige. Die konnte sich der Mann als Beamtenanwärter nicht leisten.

Unter dem Eindruck dieser trüben Geschichten aus meinem persönlichen Umfeld zitierte ich das Schlitzohr, das mir dieses Kuckucksei in den Garten gesetzt hatte, her.

»Sofort, oder ich schnipsle deinen Traumbeschaffer in winzig kleine Stücke!«

Er tanzte innerhalb einer Stunde mit einem riesigen Blumenstrauß an und überschlug sich fast vor Entschuldigungen.

»Dieses Gesetz ist doch bescheuert. Hanf gibt es seit Jahrtausenden, und so lange kennt man auch seine medizinische Wirkung gegen Rheuma-, Ohren- und Wehen-Schmerzen. Auch gegen Malaria …«

Aha, er wollte bei mir also sein ganz persönliches Wehenmittel produzieren. Sehr komisch und ungeheuer einleuchtend.

Er klärte mich noch darüber auf, dass Venedig seinerzeit durch seine Hanfseile groß geworden sei und dass man aus Hanf wunderbares Papier machen konnte (und immer noch macht). Dass die Gutenberg-Bibel auf Hanfpapier gedruckt worden sei und auch die amerikanische Unabhängigkeitserklärung. Und dass der erste US-Präsident George Washington höchstpersönlich in seinem Garten Hanf gezogen habe.

»Wahrscheinlich, um Stricke für Gauner wie dich zu produzieren«, lag mir auf der Zunge. Aber ich schluckte die doch etwas zu beleidigende Bemerkung runter. Zumal auch ich das Theater um Hasch für reichlich übertrieben hielt. Mir das Zeug heimlich unterzujubeln, das war jedoch heimtückischer Verrat. Und ein unverzeihlicher Vertrauensmissbrauch.

»Wenn ihr wirklich einen so großen Papiermangel in eurer Redaktion habt, dass du dir das Material für deine Notizzettel in meinem Garten ziehen musst, dann ist sowieso Matthäi am Letzten. Tu mir den Gefallen, schwirr ab und kauf dir Kreide und eine Schiefertafel. Und tschüss!«

Er hatte nicht einmal die Größe, die Pflanze in meinem Kompost zu entsorgen. Nein, er buddelte sie aus, packte sie in die Zeitung, für die er selber schrieb, und zog damit ab. Wahrscheinlich auf der Suche nach dem nächsten leichtgläubigen Dummen. Unser – ohnedies nur berufliches – Verhältnis hat sich im Lauf der Zeit wieder halbwegs eingerenkt, doch der Liebhaber des schwarzen Afghanen wurde von mir nun in die Menschenkategorie eingereiht, der man nicht trauen konnte. Immer wenn ich ihn sah, blinkte eine Warnlampe in meinem Kopf auf.

Der nachbarliche Frieden war wiederhergestellt, auch wenn ich ab sofort als etwas naiv eingeschätzt wurde. Auf meine Frage, woher die Freunde von nebenan denn eigentlich so genau wussten, wie eine Hanfpflanze aussieht, gab es die schnippische Antwort, dass man schließlich auch einmal jung gewesen sei (ich hätte wetten können, dass dieses Argument von ihm kam. Er sah mir immer schon aus, als hätte er früher nichts anbrennen lassen) und dass ein Bauernkind wie ich das eigentlich auch wissen könnte.

Aber woher? Ich kannte Gerste, Weizen, Hafer und Mais. Und Raps – Hanf hatte mein Großvater nie angebaut. Und mein einziger Versuch, bei einer Party einen Joint zu rauchen, verlief absolut ergebnislos. Ich wurde weder high noch müde. Es passierte absolut gar nichts. Und wie die Pflanze aussieht, deren getrocknete Rückstände jemand in den Tabak gebröselt hatte, konnte man bei dergleichen »Events« nicht einmal ahnen.

Meine prächtigen, aber giftigen Fingerhüte wurden ab diesem Vorfall wieder gelegentlich schräg angeschaut. Der einzelne, einsame Garagenmohn jedoch geradezu mit Blicken vernichtet und täglich als Unkraut verleumdet. Ich konnte nur hoffen, dass mich aufgrund seiner Anwesenheit niemand des Opiumanbaus verdächtigen würde. Zumal ich früher einmal erzählt hatte, dass meine Urgroßeltern unruhigen Kleinkindern noch mohngefüllte Leinensäckchen zum Nuckeln gaben, während die Mütter der Feldarbeit nachgingen. Wohlgemerkt: Der Schnuller war noch nicht erfunden. In heutigen Gefängnissen sind alle Gerichte mit Mohn tabu, weil die Drogentests – die in jedem Knast routinemäßig durchgeführt werden – dadurch positiv ausfallen können. Es gibt also niemals Mohnstrudel im Bau. Da habe ich noch einmal Glück gehabt, dass ich nicht als Drogenproduzentin verhaftet worden war. Ohne Mohnstrudel hätte ich Eingesperrtsein noch schwerer ausgehalten …

Ich habe aus dieser Hanf-Affäre gelernt, weshalb es das Vorurteil gibt, dass der Mörder immer der

Gärtner ist. Und dass Pflanzen nicht nur Mörder entlarven, sondern überhaupt viel Ärger mit der Polizei verursachen können. Vom Baumfrevel über den Verdacht der geplanten Giftmischerei bis hin zum Vorwurf des Drogenanbaus ist alles drin, wenn man einen Garten hat und nicht auf der Hut ist.

Von Kiwis und anderen
Marmeladen-Freudenbringern

B evor ich mich für die grünrotblättrigen Heckenrosen mit den attraktiven roten Zweigen zum
Nachbarsgarten hin entschieden hatte, hatte ich
auch kurzzeitig einmal erwogen, Beerensträucher
einzupflanzen. Wahrscheinlich befand ich mich damals gerade in einer romantischen, zumindest aber
in einer erinnerungsintensiven Phase. Denn ich war
als Kind eine rekordverdächtige Beerenpflückerin
gewesen. Bei unseren Sonntagsausflügen rechnete
meine Mutter prinzipiell mit überraschenden Bee-
ren- oder Pilzernten und nahm vorsorglich jede
Menge Behältnisse mit. Man konnte ja nie wissen,
welchen süßen Früchten man begegnen würde. Und
ich füllte meine Kannen, Körbe oder Tüten immer in
Windeseile. Vor allem beherrschte ich den Trick der
Zurückhaltung: Während meine kleinen Geschwis-
ter in ihrem jugendlichen Unverstand in laute Jubel-

schreie ausbrachen, wenn sie einen ertragreichen Platz gefunden hatten, und auf diese Weise Konkurrenz anlockten, verhielt ich mich still – und erntete. Ein Beweis dafür, dass Kinder durchaus etwas von Strategien verstehen.

Ich habe heute noch den Geruch eines ganz bestimmten, sonnenbeschienenen Himbeer-Hags in der Nase. Diesen unbeschreiblichen Duft nach Waldboden, Tannennadeln und Kräutern. Und die Stille im Ohr. Die nur durch knackende Zweige, Bienen- und Hummelgesumm und hie und da durch einen leisen Schmerzensschrei unterbrochen wurde, wenn sich jemand von uns in einer Himbeerranke verfangen hatte und gekratzt worden war. Himbeeren waren übrigens viel leichter zu erjagen als Brombeeren. Die haben sich immer an den unzugänglichsten Stellen angesiedelt – was den Pflückinstinkt und Jagdeifer natürlich besonders anstachelte. Dennoch oder gerade deshalb: Brombeeren waren das Spezialgebiet meines Vaters, wir Kinder hatten aufgrund der Gefahrenstellen meist Brombeerpflückverbot.

Walderdbeeren waren viel bequemer zu bekommen – stachellos und leicht zu erreichen wie auf einem gedeckten Tisch. Ich kann mich an einen Ausflug mit meiner Mutter erinnern, bei dem wir auf eine Lichtung stießen, die vor roten Erdpeerpünktchen nur so leuchtete. Ich bekam ein »Nylonsackerl« in die Hand gedrückt, und los ging's. Im Eifer des

Gefechts drückte ich die Beeren in der Tüte jedoch so fest zusammen, dass sie zu Mus wurden. Da das meiner Mutter gar nicht gefallen hätte, biss ich eine der Tütenecken auf und sog den süßen Brei heraus. Natürlich ließ sich der Mundraub am Ende doch nicht verheimlichen, und ich empfing gottergeben die entsprechende Standpauke. Und wurde darüber belehrt, dass Beerensammler einen Gemeinschaftsdienst an der Familie zu üben und keine Egoisten zu sein hätten. (Damalige Erziehungsargumente waren noch Lehren fürs Leben. An denen scheint es heute mangels derart eingängiger Beispiele des Öfteren zu fehlen.)

Von der Himbeer- und Brombeerpflanzung in meinem Garten kam ich wieder ab, weil die Früchte dieser Zuchtsträucher einfach nicht die Geschmacksintensität haben wie die der wildwachsenden. Davon kann man sich unschwer überzeugen, wenn man auf dem Viktualienmarkt oder in einem Obstladen diese sündteuren Schälchen erwirbt. An denen mit den Heidelbeer-Nachzüchtungen wird das besonders deutlich: weißes Inneres und relativ geschmacksneutral. Der Geruch nach Heidelbeeren schwebt über den zum Kauf bereiten Schalen (wahrscheinlich durch aufgesprayte künstliche Aromen), aber der Geschmack fehlt. Und überhaupt: Ohne die blaue Farbe ist das Ganze sowieso nur eine halbe Sache. Wir Kinder kamen mit blauverschmierten Mäulchen und ebensolchen Händen von Blaubeer-

Safaris zurück. Und freuten uns wie die Heidelbeer-könige auf die Heidelbeer-Pfannkuchen (Heidel-beer-»Datscherl« genannt), die es an diesen Tagen mit Zucker bestreut als Dessert gab.

Die roten und die schwarzen Johannisbeeren waren mir aber noch eine kurze Überlegung wert. Erstens sind allein schon die Fruchtstände als Farbgeber im Garten attraktiv, aber der küchentechnische Genuss-Aspekt wäre auch nicht übel. Als rohe Beeren mochte ich die roten »Ribisel« zwar nicht – sie waren mir von jeher schon zu sauer. Aber die nur schwach ge-süßte Marmelade schmeckt wunderbar als Dip zu Tafelspitz, Wiener Schnitzel und Backhendel. Ich ziehe sie sogar dem dafür vorgesehenen Klassiker, der Preiselbeere, vor.

Die schwarze Ribisel wiederum hat einen sehr ei-genen, unverwechselbaren Geschmack und gibt ei-nen wunderbaren Saft. Als »Cassis«-Likör ist sie farb- und geschmackgebende Hauptsache des pri-ckelnden Champagner-Drinks »Kir Royal«, den Helmut Dietl mit seiner gleichnamigen Satire über die Münchner Schickimicki-Gesellschaft auch au-ßerhalb der Promi-Welten berühmt gemacht hat.

Da sprach also einiges für die zwei Ribisel-Sorten in meinem Garten. Aber auch einiges dagegen: Ich dachte daran, welche Mühe meine Mutter zur Reife-zeit mit ihrem Beerengarten immer hat. Ich habe ihre jährliche Beschwerde noch heute im Ohr: »Die Marmeladen und die Säfte, die mögt ihr. Aber wenn ich Hilfe beim Pflücken brauche, dann ist weit und breit von euch keiner zu sehen!«

Das Beerenpflücken würde Mühe machen. Vor allem Zeit beanspruchen, die ich eigentlich gar nicht hatte. Die wollte ich doch lieber der Pflege des Gartens widmen. Die guten Beeren den Vögeln zu überlassen wäre aber auch irgendwie Vergeudung. Außerdem hatte ich keinen Entsafter. So ein Ungetüm würde Platz in der Küche wegnehmen und doch die meiste Zeit ungenutzt herumstehen. Also – keine Himbeer-, Brombeer- und auch keine Ribiselsträucher. Die Faulheit war im Begriff zu siegen.

Nur der Gedanke an die Stachelbeer-Orgien meiner Kindheit brachte meinen Anti-Beerensträucher-Entschluss noch einmal kurz ins Wanken. Die Erinnerung an diese im Mund zerlaufende Süße der reifen, roten und grüngelben Stachelbeeren in Mutters arbeitsintensivem Beerengarten brachten mich noch einmal kurz in Versuchung. Ich konnte die Haut der Stachelbeeren nicht leiden, weil sie zäh und ziemlich säuerlich war. Sie störte die Harmonie des Fruchtgelees im Mund. Deshalb hatte ich eine spezielle Schnabulier-Methode für die Stachelbeere entwickelt: Ich packte die Beere am Stiel, zwickte am gegenüberliegenden Ende mit den Fingernägeln das kleine Bärtchen der vertrockneten Blütenblätter ab. So entstand eine dünnhäutige Wunde, die auf Zungendruck das Beereninnere freigab. Manche Bayern essen die Weißwürste so ähnlich. Die Haut bleibt übrig. (Auch bei den größten Weißwurst-Fans!)

Bevor sich auch für den Stachelbeerstrauch der Daumen nach unten senkte, stieß ich in einem der Gartenkataloge auf die Kiwifrucht, von der ich einmal gelesen hatte, dass sie mit unserer Stachelbeere verwandt sei. Die als winterharte Schling- und Kletterpflanze angepriesen wurde, sofern sie ein sonniges, windgeschütztes Pflanzplätzchen bekäme. Da war natürlich sofort meine Abenteuer- und Experimentierlust geweckt. So einen Idealplatz hatte ich, und er war auch noch frei: in der Ecke von Haus- und Terrassentrennwand. Und eine Kletterhilfe würde ja wohl kein Problem sein. Also auf zu neuen Ufern und sofort bestellt. Auch wenn es dieses Jahr – wir hatten inzwischen Hochsommer – wohl mit der Kiwi-Ernte nichts mehr würde, auf mein Tulpenparadies musste ich ja auch noch warten. Auf ein paar Monate mehr käme es im Fall der »Chinesischen Stachelbeere«, wie die Kiwi auch genannt wird, nicht an.

Während ich wieder einmal darauf wartete, dass der Postmann dreimal klingelt, las ich ein bisschen über die Kiwifrucht nach. Nur bei uns in Europa wird sie übrigens in der Kurzform gerufen, in englischsprachigen Ländern heißt sie ganz korrekt »Kiwi Fruit«, damit es keine Verwechslung mit den Einwohnern Neuseelands gibt, die sich selbst als »Kiwis« bezeichnen. Was nichts mit der Frucht zu tun hat, sondern mit dem großen, flugunfähigen Laufvogel, der in den Wäldern Neuseelands zugange ist und den

sich die Neuseeländer zum Nationalsymbol auser-
koren haben. Andererseits haben die »Kiwis« mit
der gleichnamigen Frucht dennoch etwas zu schaffen, denn sie sind zusammen mit den Italienern die
Spitzenexporteure der Kiwifrucht. Nun, wenn alles
gutging, würde ich künftig importunabhängig sein
und allein schon dadurch ein ganz kleines bisschen
zum Umweltschutz (damals war von Klimaschutz
noch nicht die Rede) beitragen.

Um es vorwegzunehmen: Der Versuch ging
gründlich schief. Die Post – wieder einmal aus Holland – brachte mir die Pflanze, sie wirkte gesund
und robust, war aber noch ziemlich klein. Schon allein an ihren großen Blättern konnte ich erkennen,
dass die Verwandtschaft mit der Stachelbeere nicht
gegeben war. Die Blütenknospen würden aussehen
wie kleine feste Wattebäuschchen, die in einer Fas-
sung saßen, wie ein Edelstein. Das konnte ich dem
Minibroschürchen entnehmen, das der Sendung
beilag. Und die darin ebenfalls abgebildeten weißen
Blüten wirkten wie Apfelblüten, jedoch gefüllt mit
einem Büschel unzähliger Staubfäden. Das sum-
mende Insektenvolk würde seine Freude an dem
neuen Gartenbewohner haben, wenn es so weit sein
würde.

Ich weiß nicht, was ich falsch gemacht habe. Fest
steht, dass das kleine Kiwipflänzchen keine Lust
hatte, meine Kletterspirale auch nur ansatzweise zu
benutzen: Es streckte sich nicht nach oben – im Ge-

genteil. Die Erdanziehung siegte, alles strebte dem Boden zu. Die Blätter wurden schlaff, und es ging jeden Tag mehr bergab. Vielleicht hatte das Pflanzenkind Heimweh – auf den Frost konnte ich das Drama jedenfalls nicht schieben, denn der war noch weit.

Heute, in Erinnerung an diesen vergeblichen Versuch, Kiwis im Eigenbau auf Spalier zu ziehen, habe ich gute Lust, das Ganze noch einmal zu probieren. Zumal der kleine Fruchtexot inzwischen in zahlreichen, garantiert unserem Klima angepassten Züchtungen existiert, wie ich kürzlich nachlesen konnte. Es gibt inzwischen sogar eine Sorte »Bayern-Kiwi« und eine mit roten Früchten, die eine glatte Stachelbeerhaut haben und die man daher nicht schälen muss. Mal sehen. Gute Lust hätte ich, wie gesagt. Es sind ja immer die Misserfolge, die einen nicht ruhen lassen. Speziell im Garten.

Hilfe – in meinem Garten haust eine Anakonda!

Obwohl es schon recht prachtvoll sommerlich blühte, war ich nach wie vor unermüdlich auf der Suche nach Pflanzenschönheiten, die ich in meinen kleinen Garten holen könnte. Je ungewöhnlicher, umso besser. Ich fand, es dürfte auch der eine oder andere verrückte Gartenbewohner dabei sein. Ich erinnerte mich an einen Strauch im Garten meiner Tante, mit dem ich mich stundenlang als Kind – glucksend vor Vergnügen – beschäftigte. Leider wusste ich seinen Namen nicht. Die Gärtnerei konnte seltsamerweise mit meiner Beschreibung nichts anfangen: »Er hat dichtes Blattwerk, das auch im Winter grün blieb, da bin ich mir aber nicht mehr sicher. Weiße kleine Blütenstände, die allerdings nicht viel hermachen. Dafür umso mehr die Früchte. Sie sehen aus wie kleine Schaumbällchen. Wenn man sie am Boden zertritt, knallt es. Ein lustiges Geräusch, das Kinder lieben. Ich weiß noch, dass ich mich auf die Besuche bei meiner Tante im Herbst allein wegen dieser Lärmbeeren besonders freute. Da durfte ich es ordentlich knallen lassen! Außerdem gab es bei der Tante immer meine Leibspeisen wie Majorankartoffeln oder Schokoladenpudding.«

Mit dem Zusatz konnte ein Gärtner natürlich zu Recht nichts anfangen, aber meine Kompost-Teilhaberin wurde dadurch offenbar angeregt (wer mochte Schokoladenpudding als Kind nicht?) und wusste nach dieser Beschreibung sofort, wen ich meinte: »So einen Strauch hatten wir auch zu Hause. Wir Kinder nannten ihn Knallerbse. Offiziell heißt er Schneebeere. Die müsste man aber eigentlich kriegen können.«

Also machten wir uns wieder einmal auf den Weg zu den farbtragenden Gartenspezialisten. Die schneebeerige Knallerbse war aber offenbar aus der Mode gekommen. Der Negativbescheid und die anschließende Beratung fanden neben einem stark duftenden, herrlich weißblühenden Strauch statt, der uns nicht nur wegen seiner schlichten Blühpracht ins Auge fiel, sondern dessen Blütenduft uns vor allem verführerisch in die Nase stieg.

»So einen hatten wir auch!«, riefen wir zwei ehemaligen Landkinder wie aus einem Munde aus. Und wurden darüber aufgeklärt, dass es sich dabei um einen »Falschen Jasmin«, auch »Pfeifenstrauch« genannt, handelte. Und dass er früher fester Bestandteil aller Bauerngärten war.

Sofort fiel mir wieder ein, dass ich auch schon einmal echtem Jasmin begegnet war, der allerdings noch betörender duftete als dieser »falsche«: Es war bei dem schon erwähnten Tunesienurlaub, bei dem ich die Arbeit der Ameisen gestört hatte. Während der spätnachmittäglichen Teezeit kamen regelmäßig Blumenverkäufer in die Hotelanlage und verkauften Sträußchen von Jasminblüten. Die waren auf feine Röhrchen aufgezogen – ähnlich denen, die sich im Inneren der Zigarren meines Großvaters befanden – und dienten als Duftsträußchen. Die zwar bis zum Abend welkten, aber auch in diesem Zustand des Vergehens noch die ganze Nacht bis zum Morgen im Hotelzimmer ihren herrlichen Duft verströmten. Meine Begleiterin kannte die Jasmin-Geschichte schon und murmelte:

»Ich weiß schon. Das war der Urlaub, wo ein Verflossener zwei Kamele für dich bekommen hätte, wenn er dich verkauft hätte. Und – sag es nicht – das war der Gegenwert von zwei Mercedes-Autos! Dass er auf den Deal nicht eingegangen ist, ärgert ihn sicher noch heute!« Jetzt war ich eingeschnappt und konzentrierte mich wieder auf unsere Pflanzenkauf-Absichten.

Natürlich konnten wir dem Duft des Pfeifenstrauchs nicht widerstehen, und so wurde er zum Ersatz der ursprünglich begehrten knallenden Schneebeere. Den richtigen Standort für den Duftspender hatten wir vorher schon festgelegt: Er sollte Platz neben dem Fliederbusch finden, der schon vor meiner Gartensüchtigkeit da war, wenn auch kränkelnd, sich aber inzwischen erholt hatte und sicher im nächsten Jahr zum ersten Mal blühen würde. Dann könnten wir auch endlich erfahren, ob er ein weißer, ein heller oder ein dunkler Violetter war. Die beiden Nasenschmeichler würden dann nebeneinander um die Wette duften. Oder sich in ihren Wohltaten ablösen, weil der Falsche Jasmin wohl erst im Sommer betören würde, wenn der Flieder seine Pflicht bereits getan hatte, wie wir vom Spezialisten erfuhren. Um es vorwegzunehmen: Der Flieder blüht seither jedes Jahr in hellem Lila, und der Pfeifenstrauch steht ihm zwei Monate später Jahr für Jahr in nichts nach. Ausgeholzt müsste er allerdings demnächst einmal werden.

Während im Garten die Duftecke installiert wurde, erhielt ich beruflich einen interessanten Auftrag: Ich sollte die Promotion für eine neue Fernsehserie machen, die gerade in der Gegend von Murnau gedreht wurde und von den Menschen in einem Landhotel und ihren Schicksalen erzählte. Interessante Schauspieler – Loni von Friedel, Kurt Weinzierl, Otto Grünmandl und Fritz Muliar spielten die Hauptrollen – und die Fahrten mit Journalisten und Fotografen, die über die im Entstehen befindliche Serie berichten sollten, ins blühende bayerische Voralpenland machten den Auftrag zum Vergnügen. Jedes Mal, wenn ich dort ankam, konnte ich mich erneut nicht an der Fassade des Hauses sattsehen, in und vor dem gedreht wurde: Sie hing über und über voll mit wunderschönen, großen blauen Blütentrauben. Ich erfuhr vom Besitzer des Hauses, der es für ein Jahr an die Filmleute vermietet hatte und ab und zu als Zaungast vorbeischaute, dass diese Rankpflanze Glyzinie oder Blauregen heiße und sehr pflegeleicht sei. Etwas ganz Entscheidendes teilte er mir allerdings nicht mit, wie sich später herausstellen sollte.

Denn – wie könnte es anders sein – diesen Blauregen wollte ich auch in meinem Garten, oder viel mehr an meiner Hausfassade haben. Unbedingt. Sofort. Sie würde einmalig sein – ich hatte dergleichen noch nirgendwo gesehen, schon gar nicht in unserer Reihenhaussiedlung. Nachdem die Kiwipflanze nicht bei mir leben wollte, war auch der entsprechende Platz frei geworden. Ich schwelgte in Zukunftsträumen und stellte mir vor, wie ich im nächsten Sommer morgens aus dem Schlafzimmerfenster schauen und dabei von blauen, hängenden Blütentrauben umgeben wäre. Richtig malerisch und filmreif. Wie sich im Gartencenter herausstellte, war die Glyzinie, anders als die Knallerbse, auch nicht aus der Mode gekommen. Auch die Pflegeleichtigkeit wurde mir bestätigt. Und wieder wurde mir der entscheidende Hinweis vorenthalten.

Mein Blauregen nahm den ihm zugewiesenen Sonnenplatz in der Ecke zwischen Haus- und Terrassentrennwand, ohne zu murren, an und rankte sich schon bald an der Dachrinne hoch. Er gönnte mir sogar noch im selben Jahr ein paar erste Blüten und signalisierte mir auf diese Weise, dass er gesund und zufrieden war. Den Herbst und Winter über verhielt sich meine schöne Glyzinie ruhig, und im folgenden Frühjahr trieb sie brav aus und wurde grün. Sie legte beim Wachsen ein Affentempo vor, und ich war happy. Bis ich eines Nachts von einem knirschenden Geräusch wach wurde. Eigentlich war es kein Knirschen, sondern eher ein Ächzen. Irgendwelche Nachtgeräusche – ich nahm sie nicht weiter wichtig. Was sich bald ändern sollte. Wieder einmal waren es meine Freunde zur Linken, die mich auf die missliche Lage aufmerksam machten:

»Hast du schon gesehen, was dein Blauregen angestellt hat?«, wurde ich eines Sonntags gefragt. Das klang wie der Beginn einer Beschwerde über ein Haustier. Es gab Katzenfeinde in der Nachbarschaft, so wurde mir einmal beim Plausch am Mülltonnenhäuschen erzählt, die bei Katzenhaltern klingelten und mit den gleichen Worten fragten, bevor sie sich darüber beschwerten, dass die kleinen Stubentiger einen Vogel gefangen hatten. Da meine prächtig gedeihende Glyzinie keine fleischfressende Pflanze war, konnte es sich darum jedenfalls schon mal nicht handeln.

»Was soll denn das heißen? Seit wann können Pflanzen etwas anstellen?«, fragte ich reichlich irritiert zurück.

»Na, dann schau dir mal unser Regenabflussrohr etwas genauer an! Dein blauer Liebling ist eine Würgeschlange, und wenn wir nicht sofort etwas unternehmen, wird sie uns das Haus einreißen. Sie wird sich zwischen die Holzverschalungen zwängen und sie von der Fassade sprengen. Und bevor wir piep sagen können, hat sie uns eines nachts erdrückt und verdaut!«

Mir blieb der Mund offen stehen, denn bevor ich den Verstand meiner Freunde anzweifeln konnte, hatten sie mich vor das Ablussrohr geführt, das von unseren Dachrinnen zum Boden in ein Gullyrohr mündet – und jetzt konnte auch ich es sehen: Das Rohr war verbeult, und diese Blechschäden kamen ganz offensichtlich von der Umklammerung meines neues Mitbewohners. Schlagartig wurde mir klar, dass es dieser Würgegriff war, der die nächtlichen Geräusche ausgelöst hatte, die ich nicht einordnen konnte und dann ignoriert hatte.

Die Freunde hatten sich erkundigt und wahre Horrorgeschichten über den Blauregen erfahren: Von aus der Wand gesprengten Spalierhölzern bis hin zu ganzen geborstenen Holzhäuschen, die die Kraft dieser Pflanzen-»Anakonda« nicht ausgehalten hatten. Ich verfluchte die Leute, die mich nicht vor dieser verhängnisvollen Liebe gewarnt hatten. Die Tränen stiegen mir in die Augen, weil ich wusste, was jetzt kommen würde: »Die muss weg. Eine andere Möglichkeit gibt es nicht!«

Wieder einmal musste aufgrund meiner fehlenden Umsicht in meinem Garten unfreiwillig gestorben werden. Ich war völlig fertig und delegierte das

Henkersgeschäft. Ich hätte nicht Hand an meine Anakonda legen können, nicht einmal mit Hilfe von Schnaps.

Noch heute ist eine ewige Erinnerung an das Blauregenabenteuer vorhanden: Der Wurzelstock war nicht mehr aus der Erde zu kriegen. Man hätte unendlich tief graben und dabei die Außenwand des Kellers frei legen müssen. Die Anakonda hätte im Lauf der Jahre vielleicht sogar mein Haus aus dem Boden gehebelt. Noch einige Jahre trieb der Wurzelstock aus – voll unbändigem Lebenswillen. Er ist immer noch in der Erde, hat aber inzwischen aufgegeben. Diese traurige Geschichte möge allen eine Warnung sein, die sich in einen Blauregen verlieben. Ohne Balkengerüste soll man ihn nicht an sich herankommen lassen.

Als kleine Zugabe kann ich noch eine Geschichte von einem anderen Gartenwürger – wenn auch im Kleinformat – als Warnung liefern.

Eines Tages sah ich eine weiße Trichterblüte an einem Gartenzaun, die mich sehr beeindruckte. Ich zeigte sie meiner Freundin, die das weiße Geschöpf verächtlich als »Teufelsdarm« bezeichnete und als üble Unkraut-Klette abtat. Der Teufel muss mich mal wieder geritten haben, denn ich setzte zum ganz großen Plädoyer für unterschätzte Pflanzen an und dass es genau genommen überhaupt kein Unkraut gebe, weil doch auch unsere Getreidesorten vor

Jahrtausenden zunächst nichts anderes als Gräser gewesen waren.

Meine Freundin kannte diese Suada schon und war genervt. Sie riss den Stengel samt der herrlichen Trichterblüte ungeduldig ohne Wurzel ab und sagte: »Wenn du alles besser weißt, dann siedle doch wieder mal einen neuen Unheilbringer in deinem Prachtgarten an. Leg den Mittelteil dieses Stengels in die Erde und warte ab. Du wirst schon sehen, was du davon hast, denn das Teufelszeug wurzelt in Nullkommanix! Aber wehe, du schleppst das Zeug auch zu mir hinüber – dann kannst du was erleben!«

Ich tat, wie mir geraten, und konnte mir gar nicht vorstellen, dass eine dermaßen schlecht behandelte Pflanze auf diese Weise – quasi aus dem Stengel heraus – Wurzeln bilden kann. Sie konnte! Und zwar innerhalb von zwei oder drei Tagen. Sie schoss geradezu die Terrassentrennwand hoch, wo ich den Mittelteil des Stengels zwischen den Rosen ungefähr zwei Zentimeter tief in die Erde gebettet hatte. Sie umwand den nächstgelegenen Rosenstamm, die Rosenzweige und die Rosenknospen, die wahrscheinlich gar nicht wussten, wie ihnen geschah. An diesem exklusiven Platz – voll im Licht und an der Sonne – blühte sie unverzüglich auf, mit zahlreichen prachtvollen, weißen Kelchen. So als wollte sie sagen: »Da, schau nur her. Mit deinen geschminkten Zucht-Schönheiten nehme ich es noch allemal auf!« Da ahnte ich, was die Stunde wieder einmal geschlagen hatte. Und dass die Farbe Weiß nicht immer die der Unschuld ist.

Heute weiß ich, dass dieses alles umarmende Wesen »Ackerwinde« heißt und noch schneller wächst als Bambus. Sie ist quasi im Sternzeichen des Zeitraffers geboren, und wer nur ein bisschen Geduld hat, kann ihr beim Wachsen zusehen. Und Naivlinge wie ich fallen prompt auf sie herein. So schön, wie sie blüht. Denn das tut sie, das lass ich mir von niemandem ausreden.

Der Spargel
im Herrgottswinkel

Mein Garten beruhigte – trotz aller Vorkomm-
nisse, Rückschläge und Fehlhandlungen –
nicht nur meine Nerven, sondern hatte auch sehr
direkte psychologische Auswirkungen auf mein Leben. Sowohl privat wie auch beruflich. Meine private Verdüsterung löste sich, ich war in der Lage, mich
wieder zu »sortieren« und konnte Emotion und Verstand auseinanderdröseln. Probleme kann man eben
nur mit ruhiger Hand lösen. Berufliches hatte nicht
mehr unter meinen privat bedingten Sorgen zu leiden. Im Gegenteil: Meine alte Leidenschaft kam
wieder und löste sogar ganz unerwartet einen Karri-
eresprung aus – eine leitende Position innerhalb einer internationalen Verlagsgruppe. (Wo ich sogar
dem Mann meines Lebens begegnen sollte …)

Ich war meinen Pflanzen dafür dankbar und ließ
sie ab sofort auch im Büro eine große Rolle spielen:

Jeden Montag wurde ein Blumenstrauß für meinen Schreibtisch geliefert, ein Strauß, den ich persönlich die Woche über pflegte. Was mir die Pflanzen dankten, denn oft konnte ich die Pracht am Freitag noch bestens erhalten mit nach Hause nehmen. Bei den Veranstaltungen, die ich mit meinen Mitarbeitern organisierte, legte ich größten Wert auf den Blumenschmuck und ging sogar so weit, bei Getränken und Speisen etwas sorgfältiger zu kalkulieren, um etwas großzügiger beim Blumenschmuck sein zu können. Manche dieser Arrangements gerieten mit Hilfe der Floristen so ausdrucksstark und schön, dass die Gäste – immerhin fast ausschließlich Journalisten und daher nicht so leicht durch Äußerlichkeiten zu beeinflussen – gelegentlich darum baten, den Blumenschmuck nach Beendigung der Veranstaltungen mit in ihre Redaktionsstuben nehmen zu dürfen. Für die Präsentation des Romans einer tragischen Liebe wählten wir beispielsweise duftige Arrangements mit blauen Vergissmeinnicht und Maiglöckchen aus. Also Blumen, die einem nicht so oft in Blumenläden zwischen Rosen und anderen stolzen Schönheiten begegneten und die dadurch bei Gästen die unterschiedlichsten Erinnerungen auslösten. Für die Buchpremiere von Kindheitserinnerungen einer berühmten Schauspielerin lösten Gänseblümchengirlanden auf den Tischen ähnliche Reaktionen aus – sowohl bei der Autorin wie auch bei den Journalisten. Bei der Präsentation eines Japan-Buches wurden angesichts der üppigen Chrysanthemengestecke in allen Farben sogar ganz andere Assoziationen hervorgerufen: »Hier sieht es ja aus wie in Odettes Salon!«, rief ein Gast beim Anblick des prächtigen Blumenschmucks auf den Tischen aus und bezog sich dabei auf *Eine Liebe Swanns* aus Marcel Prousts *Auf der Suche nach der verlorenen Zeit.* Plötzlich schwelgten alle in Erinnerungen an lang zurückliegende Lesefreuden, und wir Verlagsleute hatten alle Hände voll zu tun, um die Aufmerksamkeit auf unseren Autor, den Japan-Spezialisten, zu lenken. Wieder einmal ein Beweis, dass Blumen fast immer Erinnerungen wecken und vor allem Gefühle auslösen.

Angeregt durch diesen Vorfall, las ich die Geschichte der Chrysantheme nach und erfuhr dabei, dass ihre Wahl für den japanischen Abend nicht ganz korrekt gewesen war, weil diese große Prachtblume ursprünglich aus China stammt und auch in Japan erst importiert wurde. Bei der Lektüre stellte ich auch fest, dass diese Fremdlinge im 19. Jahrhundert einen Riesenhype auslösten. Wer chic und »in« sein wollte – nicht nur im Paris Marcel Prousts –, umgab sich mit Chrysanthemen. Diese Blumenhypes schwappen von Zeit zu Zeit um den gesamten Globus. Den Farnen ging es ebenso, weiß Oliver Sacks, der berühmte Neurologe und Autor *(Der Mann, der seine Frau mit einem Hut verwechselte)* zu berichten. Er ist Mitglied der »New Yorker Farngesellschaft« und erzählt in seinem gleichnamigen Buch nicht nur die Geschichte des Farns, sondern auch von den Mitgliedern dieser wirklich feinen Gesellschaft. Alles enthusiastische Hobby-Botaniker, die die Liebe zum Farn vereint und in deren liebenswert verschrobenen Kreisen es als äußerst ordinär gilt, sich für blühende Pflanzen zu begeistern. Auch der Farn erlebte laut Sacks im 19. Jahrhundert von England ausgehend einen Hype. Selbst junge englische Ladys hörten auf zu sticken und widmeten sich der Züchtung von Farnen. Was einen Boom über viele Branchen hinweg auslöste: Miniglashäuser für die Salons wurden erfunden, und der Farn wurde auf Tischdecken und Servietten gedruckt, in Vorhangstoffe und Möbelbezüge gewebt. Kunstschmiede bildeten den Farn nach, Teller wurden mit Farnabbildungen bemalt, und Farne wurden in Silberbestecke gehämmert. Auch Pflanzen haben demnach ihre Erfolgsgeschichten. Viele davon sind vergessen. Die der Tulpen kennen wir wahrscheinlich deshalb noch, weil dieser Hype sogar eine europäische Wirtschaftskrise auslöste. Geldgeschichten bleiben offenbar länger im kollektiven Gedächtnis haften als andere.

Es mag erstaunlich sein, aber es gibt tatsächlich auch Blumen-»Moden«. Bei einem Südfrankreich-Urlaub und einem Besuch des Blumenmarkts in Nizza habe ich vor Jahren nach langer, langer Zeit endlich mal wieder Nelken in allen Farben gesehen. Ich musste an mich halten, um sie nicht anzufassen und ihnen über ihre samtweichen, prachtvollen Blütenköpfe zu streicheln. In unseren Blumenläden waren sie damals lange Zeit nicht mehr zu sehen und zu haben gewesen – einfach aus der Mode gekommen. Ein Freund meinte auf diese meine erstaunte Feststellung hin sarkastisch, dass die Reichen und Schönen, die es sich leisten können, in Blumenläden einzukaufen, der Nelke – vor allem, wenn sie rot ist – die portugiesische Nelkenrevolution nicht verzeihen können und auch nicht, dass sie zur Blume der Sozialisten Europas geworden ist.

Meine Kindheitserinnerungen an Nelken haben vorwiegend mit dem Bauerngarten meiner Großmutter zu tun, in der herrliche Bartnelken wuchsen. Die wunderschönen, buschigen Blütenstände dieser Bauernnelke in verschiedenen Rot-, manchmal auch Rotweißtönen, waren beeindruckend. Ich muss unbedingt versuchen, welche für meinen Garten zu bekommen. Sie waren für Jahre aus meinem Gedächtnis verschwunden, das kann nicht so bleiben.

Eine andere, wilde Nelkenart gehörte in meiner Kinderzeit zu jedem ordentlichen Wiesenblumenstrauß – die Kuckucksnelke. Beim Pflücken musste man darauf achten, dass man kein Exemplar mit »Spucke« erwischte, das war ein bisschen eklig. Ich glaubte damals, diese auf dem Stengel zwischen den Blättern oder ihrem braunweißgestreiften »Kropf« hinter den Blütenblättern sitzenden Schleimbällchen seien Blütensaft. Heute weiß ich, dass eine Grillenart ihre Eier darin ablegt. Aber Grillen gibt es ja bei uns auch kaum mehr. Sie sind von den überdüngten Monokulturwiesen ebenso verschwunden wie die Kuckucksnelke, das Wiesenschaumkraut, die Schafgarbe, der gelbe Scharfe Hahnenfuß, die Margerite, die Glockenblume, der Mohn, die Kornblume, die Wegwarte und einige andere Schönheiten mehr, die zu einem richtigen Wiesenblumenstrauß gehörten. Lange aus der Mode gekommen war auch schon einmal die Hortensie, die heute wieder in höchstem Ansehen steht. So sehr, dass sie sogar zur Schnittblume geworden ist und getrocknet zu höchst beeindruckenden Sträußen gebunden wird. Kenner behaupten, diese Trockenhortensien (angeblich soll man sie dafür ein paar Tage leicht bedeckt in Waschpulver legen, weil sie dadurch Farbe und Form behalten) schlügen jedes teure Arrangement von Seidenblumen. Mein Ding sind weder Seidenblumen noch mumifizierende Blumenbäder in Waschpulver. Man denke an den Fluch der Mumie! Ich hätte gerne in meinem Garten einen dieser fast mannshohen Hortensienbüsche, wie man sie in italienischen Gärten bewundern kann. Lebendig und nicht getrocknet.

Seit ein paar Jahren sind Hortensien in allen Farbvarianten wieder groß herausgekommen. Meiner Erinnerung nach eine Gartenblume der 50er und 60er Jahre und danach aus den Blumenläden verbannt. Auch ich habe mich in die neu entdeckten Hortensien verliebt, allein schon aus nostalgischen Gründen – mich an die Gärten meiner Großmütter erinnernd. Aber wieder einmal war ich beim Kauf zu schnell, zu gierig und zu unaufmerksam. Den Dünger, der die Farbintensität verstärkt, habe ich gekauft, dafür aber nicht auf die Standortbeschreibung geachtet. Ich habe meine Hortensien in drei kontrastierenden Farben vor meine Kletterrosen an der Terrassenwand gesetzt. Da waren sie allerdings fast den ganzen Tag der prallen Sonne ausgesetzt, was diese Wassersäufer gar nicht vertragen. Selbst wenn ich sie morgens beim Extragießen schier ertränkt habe – am Abend hingen Blätter und Blüten ermattet vor sich hin. Schließlich erlöste ich uns alle vier – die Hortensien und mich – und setzte sie um. In den Vorgarten, zu den Farnen. Da geht es ihnen richtig gut. Sie ducken sich ein bisschen unter die Farnwedel – haben aber nicht die geringste Lust zu blühen. Das geht nun schon seit zwei Jahren so. Aber vielleicht spielen sie auch nur das Spiel »Wer sich zuerst bewegt, hat verloren«? Ich werde sie gewinnen lassen.

Völlig aus der Mode gekommen sind auch einige Zimmerpflanzen, die vor Jahrzehnten in vielen Wohnstuben zu finden waren. Der Asparagus, auch als Zierspargel bezeichnet, beispielsweise. Er hing mit seinen zarten Blättern von vielen Herrgottswinkeln herab und war sogar grüner Anteil in so manchem Brautstrauß. In Blumenläden war er in den 1950er und 1960er Jahren der Vorgänger des heute als »Beilage« genutzten Schleierkrauts. Zum Muttertag kam das berühmte Usambaraveilchen zum

Einsatz, ebenso wie die attraktive, gelb- oder rotblühende Pantoffelblume. Letztere scheint wieder ein wenig im Kommen zu sein, habe ich erst kürzlich im Gartencenter gesehen. Gänzlich aus meinem Gesichtsfeld entschwunden ist jedoch die roséfarbig blühende Porzellanblume, der Stolz meiner Mutter. Ebenso die weiße Wachsblume. Ihre Blüten wirkten wirklich wie aus Kerzenwachs modelliert, die ihrer roséfarbigen Porzellanblumen-Schwester troffen vor Honig und machten die Fensterbank so klebrig, dass wir ihre Spur als Fliegenfänger hätten benutzen können. Ich war jeden zweiten Tag zum Schrubben abgestellt. Aber die Königin der Fensterbänke meiner Kindheit war die Passionsblume, die in einer immer wieder hochgebundenen Schlinge gezogen wurde und deren Blüten fast schon Teil unseres frühkindlichen christlichen Religionsunterrichts waren: Die zwölf weißen Blütenblätter symbolisierten die zwölf Apostel, der weißlila innere Blütenkranz die Dornenkrone – die Griffel standen für die Kreuznägel.

Bei meinem »Händchen« für Zimmerpflanzen werde ich mich bestimmt nicht auf die Suche nach diesen verschollenen Symbolpflanzen machen. Ich freue mich lieber darüber, dass in den Gärten wieder Löwenmäulchen zu finden sind, die auch viele Jahre als altmodisch galten. So wie Stiefmütterchen, die wohl deshalb heutzutage gering geschätzt werden, weil sie von Stadtgärtnern gepflanzt und daher im öffentlichen Blumenbild bis zum Überdruss vorhanden sind. Als Kinder haben wir mit Löwenmäulchen gespielt und sie wie sprechende Puppen eingesetzt: Mäulchen auf, Mäulchen zu. Mit Margeriten und Gänseblümchen wurde das Liebesorakel »Er liebt mich, er liebt mich nicht« gezupft oder Haarkränze wurden geflochten. Und das Springkraut war fast ebenso unterhaltsam wie die knallende Schneebeere. Die bei Berührung zurückzuckenden Mimosen kannten wir damals in unseren Breitengraden nicht – diese »Rühr-mich-nicht-an«-Pflanze hätte uns bestimmt auch amüsiert.

Neben den Rosen gibt es eine Schnittblume, die meines Wissens nie irgendwelchen Moden unterworfen war: die schwerköpfige Gerbera. Bei mir heißt sie – je nach Laune – Margeritenkönigin oder Drahtblume. Als Korbblütlerin ist sie mit der Margerite verwandt, und ohne das Umwinden mit Blumendraht könnte sie ihren Kopf nicht oben behalten. Da lobe ich mir das Gänseblümchen, das jedes Jahr mit unbeschwerter Leichtigkeit ihr Köpfchen über die Grasnarbe hebt. Bei mir darf sie das inzwischen auch, weil die Zeiten der Sehnsucht nach englischem Fußballrasen vorbei sind – meine nachbarliche Freundin wohnt nicht mehr hier.

Mein Garten
schläft

Der Winter kam früh in meinem ersten Gartenjahr, und das gleich mit viel Schnee. Er drückte den Farn im Vorgarten flach zu Boden und setzte dicke Hauben auf alle Sträucher. Die Zweige von Flieder und Heckenrose bogen sich unter der Schneelast zu Boden. Meine kleine Stammrose im großen Beet vor der Terrasse sah aus wie ein russischer General. Im Fernsehen konnte man die immer mit viel zu großen Mützen auf viel zu kleinen Köpfen sehen. Genau so sah jetzt meine Rose aus. Ich war in ständiger Sorge, dass sie sich den langen Hals bzw. Stamm brechen könnte, und schüttelte deshalb täglich die Schneelast von ihr ab. Ebenso beim Pfeifenstrauch, bei dem kleinen, gerade wieder gesundeten Flieder und den Heckenrosen. Ich kam mir vor wie Frau Holle.

»Das solltest du nicht tun – Schnee wärmt. Wenn du ihn abschüttelst, kann der Frost an die Zweige, die dadurch erfrieren könnten«, wurde ich belehrt. Konnte aber dennoch manchmal nicht an mich halten – typisch überfürsorgliche Gartenmutter.

Anfang Dezember erinnerte ich mich an den Brauch des Barbarazweigs, der in meiner Kindheit ebenso zur Vorweihnachtszeit gehörte wie der Adventskranz. Am 4. Dezember kaufte ich also nach vielen Jahren zum ersten Mal wieder Kirschzweige, stellte sie in eine Vase und hoffte, dass die Knospen am Heiligen Abend aufgehen, blühen und mir damit Glück für das kommende Jahr verheißen würden. Es klappte auch. Allerdings wurde dabei auch offenbar, dass man mir im Blumenladen keine Kirsch-, sondern Forsythien-Zweige verkauft hatte. Ich freute mich trotzdem. Zumal ich schon beim Kauf des Adventskranzes Erstaunliches feststellen musste: Es war gar nicht einfach, ein schlichtes Exemplar mit roten oder weißen Kerzen und roten Bändern zu bekommen. Irgendwie hatte der Firlefanz bei den Kranzmachern Einzug gehalten. Da prangten überall kitschige Christbaumkugeln auf den Kränzen oder getrocknete Orangenscheiben, gebündelte Zimtstangen, manchmal alles auf einmal. Innendekorateure lebten ihre Alpträume offenbar am Beispiel des alten Brauches aus – das meiste war scheußlich.

Angesichts dieser Entgleisungen beschloss ich, diesmal auch meinen Weihnachtsbaum zu entkitschen und nach Art der schlichten Bauern-Christbäume zu schmücken. Mit kleinen, echten Äpfeln, Strohsternen, Bienenwachskerzen und Nüssen an schmalen roten Bändern. Damals waren die kleinen, dunkelroten Weihnachtsäpfelchen mit Stiel noch zu bekommen. Seit ein paar Jahren gelingt mir das nicht mehr, weil nach der Bananen- und der Gurkenkrümmung die Weihnachtsäpfel ins Visier der Brüsseler Sesselpupser geraten sind. Die übrigens sogar sehr wohlschmeckenden Apfelzwerge entsprechen nicht den EU-Normen und sind deshalb nicht mehr auf den Märkten zu finden. In Brüssel herrscht das Diktat der Aufgeblasenheit – groß, wässrig und geschmacklos gilt dort mehr als Qualität. Der kleinste gemeinsame Nenner ergibt eben immer Mittelmaß. Man muss heute schon Beziehungen haben, um an Äpfelchen zu kommen, die von den Tannenzweigen eines Christbaums getragen werden können. Dabei haben die kleinen roten Früchte nicht nur die Aufgabe, den Christbaum zu schmücken: Die Wintervögel jubeln, wenn man ihnen die Äpfel am Dreikönigstag, nach dem Christbaum-Abschmücken und -Entsorgen, an die kahlen Zweige der Buchenhecke hängt. Wenn mein Garten nicht so klein wäre, würde ich mir allein schon aus den genannten Gründen ein Apfelbäumchen dieser Winzsorte mitten auf die Rasenfläche pflanzen. Damit hätte ich jedes Jahr eine sensationelle Apfelblüte inklusive Bienen- und Schmetterlingsfutter, Weihnachtsäpfel und danach leckeres Vogelfutter. Schade ...

Damals, in meinem ersten Garten-Dezember, polierte ich die kleinen Äpfel auf Hochglanz und zwängte vorsichtig die Enden der roten Bänder mit einer Stricknadel in die kleinen Nussöffnungen, um die Schalen nicht zu sprengen. Alles, was an meinem Christbaum hängen sollte, hatte mit Pflanzen zu tun. Die Äpfel, die Nüsse und sogar die Strohsterne – ohne Getreidehalme kein Stroh. Ja sogar die Bienenwachskerzen: ohne Blüten kein Futter für die Bienen, also auch kein Honig und kein Bienenwachs. Während ich diesen gärtnerischen Aspekt überlegte und auf diese Weise Vorbereitungen für das Baumschmücken am 24. Dezember traf, war ich wieder einmal sehr nostalgisch gestimmt. Ich erinnerte mich an die winterlichen Familienspaziergänge am ersten Weihnachtsfeiertag. Sie führten uns in Salzburg über den verschneiten Mönchsberg, hinauf zur Festung, aber noch öfter an den Fuß des Untersbergs. Das ist Schneerosengebiet. Da blühten sie, die weißen Schönen mit dem leicht rosa Schimmer und ihren leuchtend dunkelgrünen Blättern – mitten in der Helligkeit der sich endlos dehnenden Schneedecken. Versteckt meist unter überhängenden Zweigen, in kleinen schneefreien Kuhlen. Ich kann mich heute noch an die Freude von uns allen erinnern, wenn wir auf eine dieser Prachtblumen stießen. Kaum zu glauben, dass sie giftig sind, wie Mutter und Großmutter zu berichten wussten. In ihrer oberösterreichischen Heimat praktizierte man früher den Schweinen ein kleines Wurzelstück der Schneerose unter die Haut der Ohren. Das sollte der Schweinepest vorbeugen. Es gibt eben kein Gift, das nicht zugleich Heilmittel ist. In diesem Fall zumindest fürs Borstenvieh.

Als ich vor Jahren sah, dass man Schneerosen-Sträußchen inzwischen im Blumenladen kaufen konnte und erfuhr, dass man die Pflanze auch im Garten ansiedeln konnte, war ich sehr enttäuscht. Der Schneerosen-Mythos war weg. Denn ich dachte, man könnte die Blume nur in der freien Natur finden, und auch nur dann, wenn man eine glückliche Familie war. Erwachsenwerden beziehungsweise -sein ist manchmal sehr desillusionierend.

Ich freute mich auf Weihnachten. Und begegnete in jedem Schaufenster, in jeder Hotelhalle und in den Büros der Kollegen überall dem rotblättrigen Weihnachtsstern – für mich schon immer so etwas wie das Unkraut der Weihnachtszeit. (Übrigens ist er auch giftig – Vorsicht bei Haustieren, dieses Wolfsmilchgewächs aus Mittelamerika hat es in sich!) Das ist vielleicht ein bisschen ungerecht, denn die Pflanze sieht ja durchaus attraktiv aus. Aber ich fand – und finde heute noch –, dass es zu viel davon gibt, und außerdem ist sie eine »Schwindlerin«. Die roten Hochblätter sind gar keine Blütenblätter, wie die meisten Menschen glauben. Ich wollte jedenfalls nie einen Weihnachtsstern haben, und das ist bis heute so geblieben. Wenn es schon um mehr Schein als

Sein geht, interessieren mich raffiniertere Methoden. Zum Beispiel die sagenumwobene »Rose von Jericho«, die mir damals zum ersten Mal begegnete.

Der Berufskollege, der mir den Hanf in den Garten schwindelte, wollte wohl etwas gutmachen und schickte mir dieses kugelige Gestrüpp schön verpackt in Zellophan mit Weihnachtsgrüßen. Das Kärtchen war etwa folgenden Inhalts: »Mit den allerbesten Weihnachtswünschen hier die ›Rose von Jericho‹. Sie ist ein wunderbarer Test für deinen ›grünen Daumen‹, vor allem deshalb, weil er nur positiv ausgehen kann.«

Ich hatte von dieser Pflanze noch nie gehört, was mich zunächst auch nicht wunderte, denn sie sah aus wie dieses Purzelkraut in den Westernfilmen, das der Wind vor sich hertreibt. Es heißt Tumbleweed und soll dem Zuschauer signalisieren, dass sich Clint Eastwood & Co. gerade in einer Gegend befinden, in der sich Fuchs und Hase gute Nacht sagen.

Zunächst war ich über dieses unattraktive Geschenk verärgert und dachte, der unverschämte Hasch-Bruder wollte mich vergackeiern. Als ich aber die kleine Infobroschüre las, die an der dürren, total vertrockneten Kugel hing, war ich fasziniert. Diese Wüstenpflanze rollt sich ein, sobald sie nicht mehr genug Feuchtigkeit bekommt, birgt die Samen im geschützten Inneren und wurzelt erst wieder, sobald sie vom Wind – wie das amerikanische Tumbleweed – auf feuchten Grund getragen wird. Die Kreuzfahrer haben dieses Wunderkraut mitgebracht, und es war als Rarität aus dem Morgenland sehr begehrt. Bei der Landbevölkerung wurde sie von Generation zu Generation weitergegeben. Hebammen wässerten sie neben Gebärenden, weil sie angeblich die Wehen verkürzen sollte.

Natürlich schritt ich sofort zu Werke – ich wollte wissen, ob dieses dürre Zweiggewirr tatsächlich beim Wässern grün wurde. Es wurde, und zwar über Nacht. Die Stengel und die winzigen, moosähnlichen Blättchen sogen sich mit Wasser voll, reckten und streckten sich. Und dabei wurde die Pflanzenkugel wieder grün. Graugrün. Ein merkwürdiger, geheimnisvoller Vorgang. Man konnte genau verfolgen, wie das Überlebenssystem dieser Wüstenrose funktioniert. Was nicht heißt, dass die Pflanze in unseren Wohnzimmern dadurch wieder zum Leben erwacht – es ist nur das Prinzip, das immer und immer wieder einen faszinierenden Vorführeffekt ergibt. Nachdem ich genügend Verblüffung bei Besuchern erzeugt hatte, ließ ich das Spiel sein und das Ganze wieder vertrocknen, denn die ›Rose von Jericho‹ ist nicht gerade eine überirdische Schönheit. Und irgendwann ging die Trockenkugel im Lauf der Jahre den Weg alles Irdischen und erfuhr im Kompost eine anständige Beerdigung in der Fremde.

Weihnachten ging vorbei, ich schüttelte immer noch gelegentlich Schnee von meinen Gartenbewohnern und wartete sehnsüchtig auf den Tag, wo man dieses berühmte Tropfen hören würde. Tropfen vom Dach, Tropfen auf das Fensterbrett und das dumpfe Tropfen, wenn Schmelzwasser von Pflanzenzweigen und -ästen in eine Schneedecke fällt. Die Geräusche, die von der Schneeschmelze verursacht werden, sind variantenreich und sehr verheißungsvoll. Am Ende werden sie alle übertönt vom Rauschen und Gluckern in den Abflussrohren der Dachrinnen. Das kommt jedes Jahr einem Weckruf gleich. Der Garten ist kurz vor dem Aufwachen.

Die große
Tulpenwanderung

Ende Februar, Anfang März kommt ein ganz bestimmter Tag. Der Nasen-Schnupper-Glückstag.
Die Sonne strahlt vom Himmel, man tritt aus der
Haustür, und plötzlich hat man diesen ganz bestimmten Geruch in der Nase. Nach feuchter Erde
und Sonnenwärme. Und eine Ahnung von Düften,
die noch nicht da sind, aber bald da sein werden.
Das ist der Geruch des Frühlings. Dieser Moment
fühlt sich an wie eine unerwartete, zärtliche Berührung oder die ersten Töne einer Lieblingsmusik oder
der erste Bissen einer raren Küchenköstlichkeit. Ich
nenne diesen ersten Frühlingsatemzug den »Das-
Leben-ist-schön«-Moment. Er löst ein herrliches Gefühl der Lebensfreude und des Glücks aus.
 Kurze Zeit später liefert auch das Auge einen ähnlich direkten Weg zur Seele: Noch sind die Zweige
der Bäume und Sträucher braun, auch kein Gras-

halm ist zu sehen. Und doch liegt ein leichter grüner Schimmer über der Natur, wenn man die Augen ein wenig schmaler macht und zusammenkneift. Es ist nur eine Ahnung von Grün – aber doch schon auf eine geheimnisvolle Weise auch konkret. Dieser ahnungsvolle Frühlingsblick ist der endgültige Beweis dafür, dass uns auch die Nase nicht getrogen hat. Der Winter ist vorbei. Unter der Erde tut sich etwas, und zwar viel mehr, als wir uns vorstellen können.

Seit vielen Jahren spielt sich genau zu dieser Zeit eine immer wiederkehrende Pflanzendiskussion mit dem Mann ab, den ich in meinem neuen Job kennengelernt habe, der inzwischen schon lange mein Ehemann ist und mit dem ich – neben vielem anderen – die Liebe zu Büchern und zu Pflanzen teile. Er gibt den Frühlingsblumen ganz andere Namen als ich. Er hat recht, und ich habe die korrekten Bezeichnungen inzwischen gelernt, frage aber doch jedes Jahr wieder nach, einfach weil dieser Streit so schön ist: In meiner österreichischen Heimat heißt das Schneeglöckchen Schneeglöckchen und nicht Frühlingsknotenblume. »Unser« Schneeglöckchen hat eine Glockenform mit einem Zackenrand, und in der Mitte jeder Zacke sitzt ein hellgrüner Farbfleck. Das »echte« Schneeglöckchen meines Mannes (und der Botaniker) hieß in meiner Kindheit bei uns »Milchblume« oder »Hübsches Februarmädchen«. Ich schätzte es damals eher gering – natürlich völlig zu Unrecht, aber so sind Kinder nun mal. Ganz einfach deshalb, weil es nur drei weiße Außenblätter hat, das war mir wohl zu wenig barock. Heute weiß ich, dass diese kleine Dreiblättrige etwas Ungeheuerliches kann: Sie erzeugt während der »Aufwachphase« Biowärme und taut auf diese Weise die Erde auf, durch die sie ans Licht will. Schon allein deshalb habe ich meine Geringschätzung abgelegt. Da kann das modernste Biomasse-Kraftwerk nicht mithalten. Und es ist wieder einmal ein Beweis dafür, dass Pflanzen kleine Wunderwerke sind.

Während es bei den Leberblümchen, Schlüsselblumen und Buschwindröschen unserer Frühlingskindheiten in Salzburg und in Baden zwischen uns keinen gärtnerischen Streit wegen regionaler Sprachunterschiede gibt, erregt auch der Märzenbecher unsere Gemüter Jahr für Jahr aufs Neue. Während mein Mann »mein« Schneeglöckchen (also die Frühlingsknotenblume) als Märzenbecher bezeichnet, ist der Märzenbecher meiner Kindheit die gelbe Narzisse mit dem großen gelben Kelch. Die wiederum in Baden als Osterglocke bezeichnet wird. Diese botanische Sprachverwirrung und die daraus jedes Mal wieder entstehende Debatte verkürzt die Wartezeit auf das erste Blühen im Garten enorm. Zumal es mir jedes Mal aufs Neue Gelegenheit gibt, von den sensationell prachtvollen Narzissenwiesen in Bad Aussee im Salzkammergut zu erzählen. Wo allerdings nicht die gelbe, sondern die weiße, auch »Dichternarzisse« genannte Variante dieser artenreichen Frühlingsbotin zu Tausenden wächst. Die Bad Ausseerin hat keinen gelben Kelch, sondern einen kleinen orangefarbigen Kranz in ihrer Blütenmitte. Wer noch nie beim Ausseer Narzissenfest war, sollte das dringend nachholen. Es ist ein ähnlich unvergesslicher Anblick wie die Aprikosenblüte in der Wachau oder die Apfelblüte in der Steiermark.

Damals, in meinem ersten Gartenfrühling, hatte ich weder Frühlingsknotenblumen, Schneeglöckchen noch Narzissen in meiner Gartenerde und entsprechend auch nichts zu erwarten. Und ich wusste in dieser Lehrzeit auch noch nichts von der sagenhaften Wärmeproduktion des Schneeglöckchens. Ich wartete sehnsüchtig darauf, dass das letzte Schmelzen und Tropfen aufhörte. Fluchte, wenn es über Nacht noch einmal geschneit hatte, und beobachtete neidisch, dass da und dort in den anderen Gärten schon die Forsythienknospen einen ersten Gelbschimmer verbreiteten. Ich wartete voller Ungeduld auf das große holländische Wunder: Auf meine sensationelle, alles in den Schatten stellende Tulpenwiese. Tägliche Kontrollgänge ließen mich über den noch immer müde und aschfahl daliegenden Rasen schleichen. Vorsichtig, sehr vorsichtig, damit ich nur ja keine Tulpenblattspitze zertreten würde, die vielleicht ihren Weg ins Freie suchte. Sobald ich etwas entdeckte, das nicht nach schlapp und müde daliegendem Altgras aussah, ging ich sogar mit der Lupe ran. Und wurde prompt erwischt.

»Was suchst du denn? Hast du etwas auf dem Weg zum Kompost verloren?«, kam die prompte Frage von links. Wie peinlich.

»Ich habe gelesen, dass wir dieses Jahr eine Maulwurfplage zu erwarten haben. Deshalb schau ich schon mal. Rein prophylaktisch.« Was Dümmeres hätte mir nicht einfallen können. Geradezu homerisches Gelächter war die Antwort.

»Das ist doch nicht dein Ernst. Bei unseren Schotterböden? Die Kerle brauchen tiefen Boden, sie sind keine Steinbrucharbeiter. Da bist du wohl einem verfrühten Aprilscherz aufgesessen. Oder ist der Wunsch der Vater deines Gedankens? Du suchst wohl eine Hilfe fürs Graben? Was hast du denn schon wieder vor?«

Ich gab mich beschämt, stellte meine Kontrollgänge schweren Herzens vorerst ein und suchte den Rasen vom Wohnzimmerfenster mit dem Fernglas ab. Die Tage vergingen, nichts tat sich. Bis ich die ersten grünen Rasenspitzen sah. Und aus den Augenwinkeln, dass man nebenan bereits den Rasenmäher ölte. Ich wurde immer nervöser. Bis ich eines Tages die Überraschung erlebte, die ich eigentlich den anderen bereiten wollte.

»Deine Krokusse sind ja wunderbar. Du hast mir gar nicht erzählt, dass du welche gesetzt hast!«

Krokusse? Wo waren Krokusse? Meine Fixierung auf die erwartete Tulpenflut hatte mir offenbar einen Tunnelblick verpasst. Ich hatte nicht mehr links und rechts geschaut. Dem nachbarlichen Zeigefinger folgend sah ich sie: ein knappes Dutzend gelbe, dunkelviolette, zartlila und weiße Blütenkelche. Wunderschön. Nur, wie waren die da hingekommen? Ich hatte keine bestellt, keine gepflanzt, und es war vorher auch kein Beet an der Stelle, das diese unerwarteten Blüher vielleicht geborgen haben könnte. Ob meine holländische Doppelhundertschaft an Tulpenzwiebeln mit Krokussen »gestreckt« worden war? Andererseits hätte ich das merken müssen, denn die Zwiebeln von Krokussen sind viel kleiner als die von Tulpen – wenn ich mich recht erinnerte. Und es blieb immer noch das Rätsel, wieso sie da wuchsen, da ich sie keinesfalls in dieses Beet gesetzt hatte. Das wusste ich genau. Und – verflucht noch mal – wo blieben meine Tulpen? Weit und breit nichts von ihnen zu sehen. Doch die nächste Überraschung wartete schon auf mich.

»Schau mal«, rief mir meine Rasenfreundin vierzehn Tage später zu.

»Aus der Kompostkiste wächst eine Tulpe! Das ist ja verrückt. Wie kommt die denn da hin?«

Tatsächlich. Aus dem untersten Lattenzwischenraum, ganz nah am Boden, zwängten sich zwei Tulpenblätter. Eine genauere Untersuchung ergab, dass sie einen kleinen Stengel mit einer Knospe bargen. Dasselbe Schauspiel bot sich ein paar Tage später in zweifacher Ausfertigung unter einer der Heckenrosen und neben dem Tränenden Herz, das bereits begann, grün auszutreiben. Mein Garten war zum Überraschungsei geworden. Ich war ratlos. Das

Ganze war mir unheimlich. Da ich aber immer noch auf mein großes Tulpenfeld hoffte, gab ich die Ahnungslose. Hatte aber jetzt einen Vorwand, um schon einmal vorsorglich das bald bevorstehende Rasenmähen zu verhindern.

»Vielleicht können Tulpen wandern, und die kommen von anderen Gärten? Wir sollten mit dem Rasenmähen noch warten, falls sich auch welche unterm Gras verbergen. Könnte doch sein.«

»Du spinnst. Tulpen wandern nicht. Und wenn doch, dann müssten sie ziemlich weite Strecken zurücklegen. Deine rechten Nachbarn haben keine Tulpen, und sie haben auch keinen Garten neben sich, von dem sie kommen könnten, sondern den gepflasterten und geteerten Platz. Von uns können sie nicht kommen, meine stehen genau da, wo ich sie gesteckt habe, und mir fehlt auch keine. Aber vielleicht hat dein holländisches Versandhaus einen neuen Lieferservice. Eventuell unterirdisch mit Hilfe von Maulwürfen? Direkt von Amsterdam nach München. Das wäre mal eine logistische Weltsensation. Aber hast du denn überhaupt jemals Tulpen bestellt?«

Angesichts dieser geballten Ladung Logik ließ ich alle Hoffnung fahren und gestand meine sommerliche Aktion »Tulpenpracht«. Ich erntete ungläubige Fassungslosigkeit und eine geballte Ladung an Belehrungen: falsche Pflanzzeit, falsche Pflanztiefe, falsche Abstände, falscher Boden, falsche Menge. Die Blamage war komplett, und meine Heimlichtuerei stieß auch nicht gerade auf Lob. Aber, ewiger

Optimist, der ich bin, tröstete ich mich: Immerhin hatte ich viele Monate der Vorfreude gehabt, und die konnte mir keiner mehr nehmen. Und in diesem Fall stimmte es ja auch, dass sie die schönste Freude ist.

Dennoch blieb das Ganze ein Rätsel. Wie waren ungepflanzte Krokusse ins Mauerbeet gekommen, und wie kam die seltsame Tulpenzwiebelwanderung zustande? Niemand hatte eine Erklärung dafür. Erdverschiebungen aufgrund von leichten Erdbeben? Immerhin wurde in unserer Nähe nach Heißwasser gebohrt, was ja wohl bedeutet, dass wir in einer geologisch besonderen Zone wohnen. Aber vielleicht hatten sich bei meiner Tulpenzwiebel-pflanz-Orgie einfach ein paar von ihnen irgendwohin »verrollt«, ohne dass ich es bemerkt habe.

Tatsache ist aber auch, dass die Tulpenzwiebeln, die ich in den darauffolgenden Jahren gesteckt habe, auch nicht immer ganz genau da das Licht der Welt erblickten, wo sie versenkt worden waren. Da ich die Sache der unerklärlichen Wanderung wegen kontrollieren wollte, habe ich da und dort beim Pflanzen im Herbst (ich bin ja lernfähig!) Stäbchen dazugesteckt, um die Pflanzstelle zu markieren. Nicht nur einmal passierte es, dass die Tulpen ein oder zwei Handbreit davon entfernt aus dem Boden kamen – aber niemals zwei oder drei Meter, wie in diesem ersten Jahr. Das Phänomen des überraschenden Auftauchens von Ungepflanztem blieb jedoch. So wie damals die Krokusse – die übrigens nach zwei Jahren so plötzlich wieder verschwanden, wie sie gekommen waren – kamen ja auch die schon erwähnten Sternhyazinthen und die Traubenhyazinthe aus dem Nichts. Vielleicht meint es die Göttin Gaia einfach gut mit mir und steckt mir kleine Belohnungen zu, weil sie meinen guten Willen erkannt hat und mich gleichzeitig meiner unschuldigen Naivität wegen ein wenig belächelt?

Im Namen
der Rosen

Kaum hatte ich die Tulpenpleite gartenseelisch halbwegs verarbeitet, siegte wieder die Zuversicht. Das neue Gartenjahr würde spannend werden, denn die im letzten Jahr gepflanzten Rosen sollten dieses Jahr das erste Mal blühen. Die hässliche Betontrennwand auf der linken Terrassenseite war mit Holzgittern bestückt worden, und da sollten sie nun klettern und ranken, die schönsten aller Gartenblumen. In Weiß, Rot, Gelb und Rosé. Damit sie im Winter keine Frostbeulen bekämen, hatte ich Tannenzweige um die Pflanzen in die Spaliere gesteckt und an den Veredelungsknoten in Bodennähe Blätter von der Buchenhecke aufgeschüttet und Erde darüber gehäufelt. Ganz vorschriftsmäßig nach dem Buchstaben des Rosengesetzbuches.

Und siehe da – die Rosensache lief planmäßig. Meine vier Hoffnungsträger der Exklusivklasse –

das sind Rosen nun einmal, und zwar in jeder Form und in jedem Garten – trieben aus, dass es nur so eine Lust war. Die kleinen rötlich grünen Blätter entfalteten sich wie Schmetterlinge, und bald wurden auch Triebe mit Knospen sichtbar. Ich war erleichtert und aufgeregt. In der Rosenabteilung des Gartencenters kann man zwar prächtig blühende Exemplare der einzelnen Sorten sehen, nimmt aber schon aus Transportgründen kleinere, jüngere Stöcke mit. Man will die Blumenkinder schließlich aufwachsen sehen. Und hofft, dass sie so werden wie das Vorzeigeexemplar. Als ich das im Vorjahr getan hatte, war ich von einer Rosen-Fundamentalistin in komplizierte Gespräche über richtiges Rückschneiden, Schädlingsbekämpfung und private Zuchtversuche verwickelt worden. Und habe, auf diese Weise abgelenkt, wohl die falschen Töpfe auf meinen Karren geladen. Denn als jetzt, ein Dreivierteljahr später, die Knospen anfingen, sich leicht zu öffnen, und ihre Blütenblatt-Unterkleider blitzen ließen, sah ich Rot. Nur Rot. Kein Weiß und kein Gelb. Bis auf die roséfarbene Schönheit, die beim Kauf schon etwas größer war und die, weil ich sie nicht ganz windgeschützt an der vorderen Ecke plaziert hatte, wohl besondere Widerstandskräfte entwickelt hat, um dem Wetter trotzen zu können. Sie war mir von der erfahrungstriefenden Expertin als englische Duftrose empfohlen worden und zählt wohl zu den sogenannten »Alten Rosen«. Dieser Rosenschatz löst bis heute Jahr für Jahr das Versprechen des Duftens geradezu im Übermaß ein. In warmen Sommernächten schickt sie ganze Wolken von Wohlgerüchen in ihre nähere und fernere Umgebung. Auch durch die geöffneten Schlafzimmerfenster, wodurch sie für himmlische Träume sorgt. Sie unterscheidet sich von den Kletterrosen durch ihre enorme Blütenfülle, aber auch durch ihre ganz anderen Dornen, die eigentlich keine Dornen sind, sondern spitze Nadeln. Die drei Hauptstämme und auch das jüngere Geäst waren und sind auch heute noch dicht an dicht mit diesen Spitzen gespickt. Ihre fast handtellergroßen, flach gefüllten Blüten mit den sattgelben Staubgefäßen sind das Lieblingsrestaurant allen Flügelgetiers, das nicht zu den Vögeln zählt.

Aber wie gesagt, die kleinen Kletterer nebenan hatten sich zur Farbe Rot verschworen. Es gab wahrlich Schlimmeres, tröstete ich mich und ließ sie – notgedrungen – gewähren. Eine tiefrote Blütenwand würde mich reichlich für die fehlende Farbenvielfalt entschädigen. Und so wandte ich meine Aufmerksamkeit der Stammrose zu, die den Aussichtsturm für Honigsammler in meinem großen Terrassenbeet bildete und um die ich mich den Winter über wegen der Schneelast auf ihrem Ballonköpfchen so gesorgt hatte. Aber auch sie hatte offensichtlich keinen Schaden genommen und war dabei, ihr grünes, kugelig gewachsenes Haupt zu vergrößern. Es bildeten sich Knospen über Knospen. Zusammen mit meiner nachbarlichen Freundin zählte ich an einem Sonntagmorgen einhundertachtzig Knospen. Das würde eine pinkfarbene, explosionsartige Kaskade von kleinen gefüllten Röschen ergeben. Ich konnte es kaum erwarten. Ein bisschen viel Rosa bei den Rosen in meiner grünen Gartenidylle vielleicht? Andererseits gab (und gibt) es nichts Schöneres als die Tatsache, dass noch so viel darauf wartete, in meinen Prachtgarten zu kommen, auf das ich mich freuen konnte. Ich würde schon noch zu meinen Teerosen und zu meinen jungfräulich weißen Schönheiten kommen.

Eigentlich war ich auf der Jagd nach einer ganz bestimmten, blassrosa Rosensorte, die in meinen Kindertagen im Garten meiner Mutter das Gartentor mit Hilfe eines Rankbogens umkränzte. Ihre Farbe ähnelte in ihrer edlen Blässe den Kleidern und Hüten der englischen Königin, und ihr Duft lag irgendwo zwischen Zimt und Zitrone. Ich hing damals stundenlang am Gartentor – die Füße auf dem unteren Querbalken, die Arme außen um die Holzlatten geschlungen – und beobachtete, was sich auf der eher selten befahrenen Straße tat. Da direkt neben uns ein Milchladen war, wanderten die Woche über Hunderte Liter Milch in Blechkannen an mir vorbei, und die, die sie trugen, standen unter meiner Beobachtung. Ich kannte sie alle, die Schnellen und die Langsamen und die Kinder, die die Kannen mit den Armen im Kreis schleuderten, ohne dass die Milch auslief. Ein Rätsel von einem Kunststück, das leider schiefging, als ich es auch einmal ausprobieren wollte. Es gab Gott sei Dank kein Donnerwetter, sondern die erste Lektion über den Zusammenhang von Geschwindigkeit und Zentrifugalkraft.

Unter dem Rosenbogen fanden auch die ersten Unterrichtsstunden in Psychologie statt: Die alte Mutter der Milchfrau beispielsweise, die mit ihrer Tochter nur drei Häuser weiter wohnte und sie mehrmals täglich im Laden aufsuchte, pflegte auf dem Weg manchmal ein bisschen zu furzen. Wenn sie zu spät bemerkte, dass ich auf dem Gartentor hing und es mitbekommen hatte, fing sie verlegen an zu hüsteln – ein vergeblicher Vertuschungsversuch. Aber Kinder sind aufmerksame Beobachter, so leicht lassen sie sich nicht hinters Licht führen. Wahrscheinlich waren mir diese kleinen Zwischenfälle peinlicher als der alten Dame, Gott hab sie selig.

Wenn der Besuch meiner Lieblingstante angekündigt war, stand ich schon Stunden vorher auf der Gartentür und hielt Ausschau nach ihr. Sie begrüßte mich mit dem immer gleichen Spruch: »Da ist ja mein Rosenresli!« Dass so einer der ersten Nachkriegsfilme mit der kleinen Christine Kaufmann hieß, wusste ich zwar nicht, empfand die Begrüßung aber immer als Kompliment.

Das Einzige, was mich an meinem Logenplatz in der Bogenrose störte, war der Holzbriefkasten, der am Gartentor befestigt war. In ihm hausten nämlich ganze Kolonien von Ohrenschlüpfern, vor denen mir grauste. Umso mehr, als man mir einredete, sie würden gerne in Kinderohren schlüpfen und mit ihren zwei gebogenen Kneifzangen dort gehörig zwicken. Deshalb passte ich, wann immer es ging, den Briefträger ab, damit er mir die Post in die Hand drücken konnte und ich den behausten Briefkasten nicht öffnen musste. Jedes Mal, wenn jemand das Wort Ohrwurm als Bezeichnung für einen Gassenhauer benutzt, taucht dieser Briefkasten samt seinen Bewohnern vor meinem inneren Auge auf, und ich bekomme eine Gänsehaut.

Alle diese Erinnerungen verbinde ich mit dieser wunderbaren Rose – die ich immer noch nicht gefunden habe. Auch meine Mutter hatte sie nach dem Umzug ins Haus der Großeltern jahrelang vergeblich gesucht. Sie meinte kürzlich erst, ihr Name sei Silver Moon oder so ähnlich gewesen, aber auch im Internet habe ich sie bisher noch nicht gefunden.

Die schönsten Rosen, die ich je in einem privaten Garten gesehen habe, hatte mein Großonkel Martin aus Amerika, der dort ein Farm besessen hatte. Er war ein wunderlicher alter Hagestolz, der in jungen Jahren nach Amerika ausgewandert war, um dort in Walla Walla im Bundesstaat Washington Boden für seine Farm zu roden. Allein der Name des Ortes Walla Walla wird mir immer unvergesslich sein und natürlich auch die geflüsterten Familiengeheimnisse, die sich um dieses schwarze Schaf der Familie rankten. Auf seine alten Tage übermannte ihn das Heimweh, und er kehrte nach Europa zurück. Der reiche Onkel aus Amerika faszinierte mich von Anfang an, schon deshalb, weil sein Deutsch einen unverkennbaren Akzent hatte. Onkel Martin hatte nicht nur einen grünen, sondern einen dunkelgrünen Daumen. Alles, was er in seinem großen Garten (mit kleinem Haus) anpflanzte, gedieh so prächtig wie nirgendwo anders. Weder meine Großmütter noch meine Tante und auch nicht meine Mutter erzielten solche Prachtexemplare von Salat- und Kohlköpfen und Kohlrabi, so riesige Tomatenernten, von Beeren und Obst nicht zu reden. Aber seine Rosen schlugen einfach alles. Es hieß, er habe sie sich aus Amerika schicken lassen. Ihre Blüten und ihre Farben lockten regelmäßig Bewunderer an seinen Zaun, die er mit englischen Beschimpfungen zu verjagen versuchte. Nach unseren Besuchen – er liebte Mutters Gugelhupf und Marmorkuchen, Großmutters Zwetschgenbuchteln und den Mohnstrudel meiner Tante – zogen wir jedes Mal mit prachtvollen Rosensträußen in allen Farben wieder heimwärts. Nach seinem Tod war klar – er war unzweifelhaft ein toller Gärtner gewesen, aber bei weitem nicht so reich, wie die Familie gehofft hatte. Trotzdem finde ich es auch heute im Nachhinein noch spannend, dass wir einen in der Familie hatten, der es vom Tellerwäscher zum Farmbesitzer gebracht hat.

Beim Stichwort Tellerwäscher sind wir wieder bei meiner kleinen, schönen Stammrose, die damals, in meinem ersten Gartenfrühling, kurz vor der Blütenexplosion stand. Täglich wurde der Fortgang der Knospenbildung von uns Frauen begutachtet, und als es anfing, schon da und dort richtig pink zu werden, tönte eines Spätnachmittags ein Entsetzensschrei an mein Ohr. Meine Freundin hatte wohl auf dem Weg zum Kompost eine kleine Kurve geschlagen und dem Bubikopf – diesen Spitznamen haben wir der Rose gemeinsam verpasst, und so heißt das tapfere Kerlchen heute noch – einen Besuch abgestattet.

»Der Bubikopf ist voller Mehltau. Schau mal, auf dieser Seite schaut er aus wie ein Camembert. Die Knospen sind geradezu weiß eingesponnen. So ein Unglück! Gerade jetzt, wo er kurz vor der vollen Blüte steht!«

Ich traute meinen Augen kaum, denn der Vergleich mit einem Camembert-Pelzchen war eine ziemlich genaue Beschreibung der Bescherung.

Die Befragung der Experten – der wirklichen und der selbsternannten – war niederschmetternd. Chemie stand natürlich wieder einmal an erster Stelle aller Ratschläge. Oder alles total abschneiden, Blätter wie Blüten.

»Da kann ich ihn ja gleich entsorgen. Ohne Blätter kann keine Pflanze atmen. Ich könnte die Holländer erwürgen. Zuerst die Pleite mit den Tulpen und jetzt schleppen mir die Käsköppe den Mehltau hier ein.« Das Stämmchen musste tatsächlich schon in Holland mit dieser Pilzkrankheit infiziert worden sein, denn in meinem und auch in den Nachbargärten waren keine anderen Pflanzen befallen.

Wieder einmal war ich den Tränen nah. Aber so leicht wollte ich nicht kapitulieren. Ich fasste einen arbeitsintensiven Entschluss.

Jetzt begann die Zeit der zerkratzten Hände. Ich fing an, den kleinen Bubikopf täglich Blatt für Blatt und Knospenstengel für Knospenstengel zu waschen. Da ich mit Handschuhen nicht das nötige Feingefühl für diese diffizile Sisyphus-Arbeit hatte, ritzten mir die kleinen, aber leider reichlich vorhanden Dornen regelmäßig die erstaunlichsten Tätowierungen in Arme und Hände. Die Waschungen erfolgten mit lauwarmem Wasser und einem kleinen Schminkschwämmchen. Ganz vorsichtig, um kein Blatt und keine Knospe zu verletzen. So klein war das Kerlchen gar nicht – ich brauchte jeweils drei Abende, um einmal mit der Waschung durchzukommen. Und wenn ich fertig war, zeigten sich an den zuerst gesäuberten Stellen neue Pilzbildungen. Das wiederholte ich immer wieder in neuen Varianten – mit warmem Wasser, mit Salzwasser und zuletzt mit verdünntem Geschirrspülmittel. Immer von links und rechts kopfschüttelnd beäugt – die hielten mich alle mal wieder für völlig verrückt. Aber immerhin hatte die dornenkratzende Tortur bewirkt, dass inzwischen fast alle Blüten aufgegangen und nicht vertrocknet waren.

So habe ich es ein paar Jahre lang gehalten: Bubikopf bekam von mir regelmäßig österliche Fußwaschungen, genauer gesagt Kopfwäschen. Der Mehltau hat uns beide nie ganz verlassen, aber er ist immerhin so weit zurückgegangen, dass mein Sorgenkind jedes Jahr in voller Blüte steht und sich von seinem Pilz nicht mehr behindern lässt. Dieses Jahr habe ich es mit einer Milch-Wasser-Mischung versucht. Ein Tipp von australischen Winzern, die damit wohl Erfolge erzielt haben. Die Milchsäurebakterien fressen den Mehltau-Pilz angeblich auf. Mal sehen. Andererseits würden mir die jährlichen Waschungen vielleicht sogar fehlen? Oder dem Bubikopf? Denn was wir haben, das kann man getrost ein intimes körperliches Verhältnis nennen.

Eine Blattlaus
kommt selten allein

Mit dem Mehltau an meinem Stammröschen hatte also nach Schnecken und Ameisen die dritte der großen Gärtnerplagen in meiner grünen Schuhschachtel Einzug gehalten. Ich war aber stolz auf meine Wehrhaftigkeit und wähnte mich aufgrund der täglichen Mehltau-Abreibungen rosenmäßig schon auf der Siegesstraße. Zumal ich inzwischen im Gartencenter eine gelbe und eine weiße Staudensorte entdeckt und ihnen gute Plätze am rechten Zaun zugewiesen hatte. Die weiße war sogar etwas sehr Besonderes, nämlich das, was ich eine »müde Rose« nenne: Ihre äußeren Deckblätter konnten die Überfülle ihrer inneren Blütenblätter kaum bändigen, und deshalb wirkten die großen, stark nach Orangen duftenden, schweren Blüten immer leicht welk. Oder wie ein zu enger Rock über einem zu bauschigen Unterkleid. Das sollte so sein, war vom Züchter so gewollt und wirkte auf mich immer besonders anrührend. Aber genau dieser Effekt wäre meiner müden Rose fast zum Verhängnis geworden.

Meine Freundin von nebenan war so lieb, in meinem zweiten Gartenjahr die Heckenrosen vom Boden her auszuschneiden, denn sie trieben es etwas zu bunt und spreizten sich zu sehr auf Kosten anderer Pflanzen.

»Da hole ich auch gleich die kleine weiße ganz aus dem Boden. Die hat irgendeine Krankheit, so schlapp, wie die Blüten gleich nach dem Aufgehen herumhängen. Das ist ja nur deprimierend!«

Ich konnte gerade noch rechtzeitig eingreifen und mein dekadentes Röslein retten. Wir Menschen sind eben auch in Bezug auf Gartenschönheit sehr verschieden. Ich mag beispielsweise den Anblick des Blütenteppichs von abgefallenen Rosen- und Pfingstrosenblättern – meine Rasenfreundin entsorgt die ihren sofort mit dem Rechen. Ich mag die erste voll aufgeblühte Tulpe in der Vase, wenn sie neben den anderen, noch geschlossenen Kelchen im Strauß steht und lasse ein, zwei abgefallene Tulpenblütenblätter manchmal einen Tag neben der Vase liegen. Der Anblick ist für mich pure Melancholie und sehr malerisch. Für andere Leute signalisiert dieses Verhalten vielleicht nichts als Unordentlichkeit …

Nachdem ich die eine Rose gerettet und die andere wie jeden Tag gewaschen hatte, ruhte mein Blick wohlgefällig auf der roten Kletterrosenwand. Die Blüten waren eine Pracht und hätten jeden Floristen zu traumhaften Sträußen animiert. Ich bog mir ein paar Zweige zurecht, um meine Nase tiefer in die Rosenkelche zu senken – und ließ erschrocken wieder los. Ich hatte in etwas Feuchtes gegriffen. Meine Finger waren von einer ekligen grüngrauen Masse benetzt. Und jetzt sah ich es. Die nächste biblische Gärtnerplage war über mich und meine Rosen gekommen: Ich hatte mir über Nacht Blattläuse eingefangen! Ein paar Dutzend von ihnen hatte ich versehentlich zerquetscht! Es mussten insgesamt Tausende sein – sie saßen dicht an dicht auf fast allen Zweigen und hatten sogar schon viele der neuen Knospenstengel besetzt. Mich überkam ein Höllenzorn, und ich fluchte so laut, dass sofort Hilfstruppen von links kamen, um den neuesten Gartenskandal zu erfahren.

Der Mehltau hatte größeres Entsetzen erregt als diese Blattlausinvasion, wohl deshalb, weil man im Gegensatz zu dem weißen Schimmelpelzchen in Nachbars Garten mit Blattläusen schon Erfahrung hatte. Eines der empfohlenen Hausmittel wurde gleich mit einem Seitenhieb gegen eine meiner schlechten Gewohnheiten versehen:

»Jetzt ist deine ungesunde Raucherei endlich einmal zu etwas gut. Setz den Tabak von zehn Zigaretten in Wasser an, lass die Brühe zwei Tage stehen und tu sie dann in eine Sprühflasche. Wenn du die Biester damit bestäubst, bist du sie in Kürze los!«

Ich tat, wie mir geheißen. In der Zwischenzeit streifte ich so viele von den unappetitlichen Läusegesellen mit einem Messerrücken von den Rosenstengeln, wie ich nur erwischen konnte. Das Ganze unter Begleitung von großem Gebrumme und Gesumme, weil die Läusevampire wohl zuckersüßen Honig aus den Rosensäften machten, an dem sich vor allem Hummeln und andere Lautmaler gütlich taten. Am nächsten Tag waren die Läusereihen aber wieder geschlossen, so als hätte ich nie Hand angelegt. Es war höchste Zeit, dass die Nikotinbrühe zum Einsatz kam, denn die ersten Rosenknospen waren schon am Absterben. Das Läusebad im Tabak zeigte jedoch auch nach zwei-, dreimaliger Behandlung nur wenig Wirkung. Meine Läuse waren offenbar keine Nichtraucher, oder es grauste ihnen einfach vor gar nichts. Von einem durchschlagenden Erfolg konnte jedenfalls keine Rede sein.

Ich hing trüben Gedanken nach und redete sie mir bei der Behandlung des Mehltau-Patienten von der Seele. Wenn das so weiterging, würden aus all meinen Rosen bestimmt keine »Tausendjährigen« werden, von deren Existenz da und dort immer wieder die Rede war. In Wahrheit war wohl keine von ihnen älter als 300 Jahre – aber immerhin. Wenn es mit den meinen so weiterging, würden sie den Säuglingstod sterben. Da war es kein Trost, dass die Tausendjährige in Hildesheim angeblich sogar einen Bombenbrand in den letzten Kriegsjahren überlebte und im Jahr darauf wieder von den Wurzeln her austrieb.

Vielleicht sollte ich eine Kerze zu Ehren der sagenhaften alten Frau Perchta anzünden, die man in Tirol »Frau Rose« nennt. Das musste doch etwas zu bedeuten haben. Zumal ich auch noch das Operettenlied »Schenkt man sich Rosen in Tirol …« aus dem »Vogelhändler« im Ohr hatte. All die alten Bräuche um Rosen las ich nach, in der Hoffnung, irgendeinen Segen oder Zauberspruch gegen den Rosentod zu finden. Kurzum: Ich haderte mit meinem Rosen-Schicksal. Und der Bubikopf hörte geduldig zu, während ich ihn wusch.

»Vielleicht sollten wir es mal mit Marienkäfern versuchen. Die ernähren sich von Blattläusen. Ich weiß, wo man die bestellen kann. Das mach ich gleich mal. Und in der Zwischenzeit setzen wir Brennnesseljauche an.« Das war ein weiterer nachbarlicher Rat, und seit ich ihn vernommen hatte, schöpfte ich wieder Hoffnung. So erfuhr ich auch, wie sehr vergorene Brennnesseln stinken. Und vorher zudem, dass es gar nicht so leicht ist, Brennnesseln zu finden, wenn man sie braucht. An einer halbverfallen Hütte auf halbem Weg zu meinem Lieblings-Moorbadesee wurde ich schließlich fündig – und ordentlich »gebrannt«, weil ich natürlich keine Handschuhe dabeihatte und die Papiertaschentücher nur unzureichenden Schutz vor den Biestern boten.

Brennnesseljauche herzustellen macht immens viel Arbeit, weil man ständig in der Brühe rühren muss, damit sie zum Gären kommt. Die stinkende

Sprüherei auf die armen, duftenden Rosen half auch nur partiell, zumal jeder Regen den lausigen Biestern wieder Erlösung verschaffte. Ich meinte schier, die Blattläuse nachts unter meinem Schlafzimmerfenster saugen und Rosensaft schlürfen zu hören. Sogar in meinen Schlaf schlichen sich diese Pflanzenschmarotzer, denn ich träumte, auch ich hätte den Kopf voller Läuse. In meinem Unterbewusstsein vermischten sich die Realitäten offenbar zu Juckreiz verursachenden Alpträumen: Zu dieser Zeit geisterten Nachrichten durch die Medien, dass in Kindergärten und Schulen gelegentlich wieder Läusebefall auf Kinderköpfen aufgetaucht sei. Jetzt fehlten mir zu meinem Glück nur noch Erdflöhe.

Inzwischen machte ich mir auch ernsthafte Gedanken über die unglaubliche Arbeit, die die Rose – Blume aller Blumen – einem Gärtner macht. Der Umgang mit dieser Königin aller blühenden Pflanzen ist eine Wissenschaft für sich. Da ist es nicht verwunderlich, dass man für die Rosenzucht eine Lizenz braucht, wie ich auf der Suche nach Anti-Blattlaus-Tipps in Büchern erfuhr. Denn alle unsere schicken Prachtrosen sind auf Wildrosen aufgepfropft. An dieser Operationsstelle entstehen die Rosenknoten, die man im Winter so gut schützen muss. Es wird sogar in vielen Büchern im Detail beschrieben, wie das Veredeln und Neuzüchten geht. Klingt recht einfach. Ich war schon wieder Feuer und Flamme und höchst animiert, so ein Experiment auch einmal zu versuchen. Andererseits war ich nicht einmal in der Lage, mit Mehltau und Blattläusen fertig zu werden. Der Zuchtgedanke war also nichts als utopisch und typisch für mein ständiges Gartenfieber in dieser Anfangszeit.

Nach all den bisher vergeblichen Bemühungen, der Läuseplage Herr zu werden, ruhte all meine Hoffnung auf den Marienkäfern. Sie mussten unbedingt schnell angeflogen kommen, denn sonst wäre das Rosen-Pommerland bald wirklich abgebrannt. Zumal der Läusehonig womöglich noch eine weitere Plage anzog, nämlich Ameisen. Die hatte ich zwar im Vorjahr erfolgreich vertrieben, aber als ich las, dass Ameisen und Blattläuse ernährungstechnisch auf symbiotische Weise zusammenarbeiten und -leben, schwante mir Übles. Jetzt kam es auf jede Stunde an.

Als mich meine Nachbarin im Büro anrief, um mich darüber zu informieren, dass die Marienkäfer angekommen waren, fiel mir ein Stein vom Herzen, und ich gab zur Feier des Tages eine Runde Prosecco aus. Der Anlass für den Umtrunk stieß bei den Mitarbeitern und Kollegen zunächst auf Ungläubigkeit und riss sie dann zu nicht enden wollenden Heiterkeitsstürmen hin. Das störte mich nicht im geringsten, Hauptsache, zu Hause würden die gepunkteten Raubtiere auf die Läusemassen losgelassen. Als ich nach Hause kam, war die Arbeit schon getan. Die winzigen, gepunkteten Marienkäferlarven waren ins Schlaraffenland gesetzt worden und würden hoffentlich sofort zu schmausen anfangen. Eine dieser ersehnten Heilsbringerinnen konnte ich mit Hilfe der Lupe erspähen und fand, dass das Würmchen in keiner Weise mit der rundglänzenden Eleganz seiner erwachsenen Artgenossen mithalten konnte. Aber hier ging es ja auch nicht um einen Schönheitswettbewerb, sondern um das große Fressen. Und die kleinen Kerle haben sich tüchtig rangehalten. Nach ein paar Wochen war weit und breit keine Laus mehr zu sehen – die Rosen gingen gesund und unbehelligt daran, ihre zweite Blüte vorzubereiten.

Denn auch das hatte ich mir inzwischen angelesen: Nach dem Abblühen müssen bei Rosen die Blütenstengel abgeschnitten werden, denn sonst würde die ganze Kraft der Pflanze in die Reifung der Hagebutten gehen. Das erlaube ich nur den Heckenrosen am Zaun, weil deren rote Früchte für Winterzauber im Schnee und als Futterstation für Wintervögel zuständig sind. Die Gartenschere ist wichtigstes Handwerkzeug für Rosengärtner: Auch die Austriebe unterhalb des Rosenknotens und daneben müssen regelmäßig entfernt werden. Meistens sind es ohnedies dornenlose Blindtriebe aus dem Wurzelstock der Wildrose, auf die die Edelrose aufgepropft ist. Sie würden – wie man mir sagte – nie Blüten tragen. Aber auch diese Austriebe kosten die Pflanze Kraft, die ich lieber in eine zweite Blüte lenke.

Ich war den Marienkäferlarven dankbar, konnte es ihnen aber nicht persönlich sagen, weil sie zusammen mit ihren lausigen Festtagsleckerbissen verschwunden waren. Sie hatten sich lautlos auf Französisch verabschiedet. Glaubte ich. Denn im nächsten Frühsommer statteten sie mir in großer Zahl einen Höflichkeitsbesuch ab, mit dem ich nicht gerechnet hatte. Eines kühlen Regentages entdeckte ich ein gutes Dutzend dieser kleinen, roten, runden, gepunkteten Kerle auf dem Fensterbrett meines Schlafzimmers und später auch auf allen Simsen der Fenster, die zum Garten hin gingen. Die kleinen Vielfraße waren also erwachsen und richtige Käfer geworden und suchten jetzt Wärme im Haus. Durch welche Spalten sie sich Zugang verschafft hatten, war mir ein Rätsel. So viele von ihnen sind allerdings nicht ganz so niedlich wie gezeichnete Einzelexemplare auf Glückwunschkarten oder in Kinderbüchern. Im Rudel sind sie sogar ein wenig unheimlich, und mir war nicht ganz wohl bei ihrem Anblick. Aber da sie aus ihrer Jugendzeit etwas gut bei mir hatten, ließ ich sie ein paar Tage, wo sie waren und setzte sie erst an einem warmen Tag wieder hinaus. Mit einem Läuse-Büfett konnte ich ihnen in diesem Jahr allerdings – Gott sei Dank – nicht dienen.

Schmetterlinge
weinen nicht

B eim Anblick des ersten Zitronenfalters im Gartenjahr darf man sich angeblich – wie bei einer
Sternschnuppe – etwas wünschen. Beim ersten Mal
brach ich angesichts des gelben Flattermanns in lauten Jubel aus. Nicht nur wegen des freien Wunsches,
sondern auch deshalb, weil Schmetterlinge im Garten ein ökologisches Gütesiegel sind: ein Zeichen
dafür, dass alles im biologischen Gleichgewicht und
gesund ist. So wie man heute weiß, dass sich Bienen
inzwischen von städtischen Parkanlagen, bepflanz-
ten Innenhöfen, Friedhöfen, Balkonen und Dach-
terrassen mehr angezogen fühlen als von den mit
Chemiekeulen bombardierten Monokulturen auf
dem Land – man denke nur an die endlosen Raps-
felder. Die sind für Bienen-Mahlzeiten etwa so wie
für uns, täglich, jahraus, jahrein, Leberwurstbrot
essen zu müssen – aus einer 08/15-Wurstfabrik,

mit Geschmacksverstärkern und Schimmelstoppern versehen.

Es gab also viele Gründe, weshalb mich dieser Zitronenfalter in meinem Garten so glücklich machte. Der Dämpfer ließ wieder einmal nicht lange auf sich warten:

»Das ist kein Zitronenfalter, das ist ein Kohlweißling. Du hast dich täuschen lassen, weil das Gelb der Forsythie nebenan seine Blässe überstrahlt und gelb erscheinen lässt!«

Beim Stichwort Kohlweißling war ich alles andere als entzückt. Wieder einmal holte mich eine Kindheitserinnerung ein. In Mutters Garten war ich nämlich zur Wächterin der Gemüsebeete ernannt worden. Meine Hauptaufgabe bestand darin, die Raupen des Kohlweißlings vom Weißkraut abzuklauben. Mutter setzte zwar Salbei zwischen die Kohlköpfe, aber die Schmetterlinge schienen sich an dessen Duft – den sie angeblich nicht mögen – zu gewöhnen. Als Landkind fand ich dieses Raupenabsammeln zwar nicht eklig – ich spielte schließlich ja auch mit Schnecken –, aber trotzdem gab es Aufgaben, denen ich lieber nachkam. Vor allem tat mir der Schmetterling leid, dem wir nach meinem Verständnis ja die Kinder wegnahmen. Und der in meinen Augen ohnedies schon benachteiligt war, weil er aufgrund seiner fahlen Blässe nicht so schön aussah wie andere Flattermänner. Auf meine kindliche Frage bekam ich die unvergessliche Antwort, dass Schmetterlinge nicht weinen. Sicher war ich mir da nicht und zog es deshalb vor, Holzwolle unter die Erdbeerpflanzen zu legen, um das Faulen der reifenden Beeren zu verhindern, oder beispielsweise Zwiebeln, Radieschen oder Karotten aus dem Boden zu ziehen. Auch die sommersprossigen Aprikosen vom Spalier an der Vorderseite des Hauses zu ernten war nicht nur lustiger, sondern auch schmackhaft. Nie wieder hatte ich einen intensiveren Aprikosen-Geschmack auf der Zunge. Diejenigen, die ich als Dreikäsehoch greifen konnte, gehörten nämlich mir. Das war abgemacht. Als ich einmal das Innere eines Aprikosenkerns essen wollte, schlug man mir diese kleine, weiße Mandel entsetzt aus der Hand. Ich wurde meiner Neugier wegen geschimpft, weil dieses Steininnere angeblich Blausäure enthält. Heute weiß ich, dass die Sorge schwer übertrieben war: Die Süßwarenindustrie verwendet diese Aprikosenmandeln, um daraus etwas Marzipanähnliches herzustellen.

Die Begegnung mit dem Kohlweißling in meinem Reihenhausgarten brachte mich aber auf die Idee, mich mit dem Thema nützliche Pflanzennachbarschaften zu beschäftigen. Darüber Bescheid zu wissen konnte für die Gartenarbeit ja nur hilfreich sein. Was mir darüber in Kindertagen erzählt worden war, hatte ich natürlich größtenteils längst vergessen. Dunkel erinnerte ich mich noch, dass meine oberösterreichische Großmutter in ihrem Bauerngarten auch immer ein paar Kartoffelreihen anlegte, zwischen die sie Kümmel und Koriander setzte. Das sollte den Geschmack der Kartoffeln positiv beeinflussen und Schädlinge fernhalten. Als ich etwas größer geworden war und die Gespräche der Erwachsenen bewusster verfolgen konnte, hörte ich dann beim Stichwort Kartoffelanbau immer wieder das Greuelmärchen, dass es früher in unseren Breitengraden den berüchtigten Kartoffelkäfer und seine erntevernichtenden Larven nie gegeben hätte. Sie seien von den Alliierten über unseren Feldern abgeworfen worden, um die Kartoffelernten zu vernichten, Hungersnöte und Volksaufstände zu verursachen und dadurch Hitler in die Knie zu zwingen. Eine ziemlich abstruse Story, die sich aber bei den Älteren hartnäckig hielt.

Über die Tatsache, dass Zwiebel und Knoblauch sich gerne zu deren Wohlgefallen neben Rosen aufhalten, habe ich einmal in einer Gartenzeitschrift gelesen. Auf den berühmten bulgarischen Rosenfeldern war das angeblich zum Prinzip erhoben worden. Man hatte dort sogar ein zweideutiges Sprichwort dafür, an das ich mich erinnerte: »Die Zwiebel macht die Rose scharf.« Es suggeriert, dass der Rosenduft sich in der zwiebeligen und anrüchigen Gesellschaft wohl verstärkt. Das wollte ich immer einmal ausprobieren, bin aber bis heute noch nicht dazu gekommen. Dabei wäre das doch gar nicht so kompliziert – jeder von uns hat hin und wieder keimende Zwiebeln oder Knoblauchzehen im Küchenkorb. Bevor sie weggeworfen werden, könnte man sie doch neben die Rosen in die Erde stecken und abwarten, was passiert.

Ein anderer Freund der Rosen ist übrigens der Lavendel. Diese Duftpflanze hält nämlich Blattläuse und andere Schädlinge der Rose ab. Da hatte ich instinktiv einmal bei meinen Heckenrosen das Richtige getan.

Das Wissen um Schädlingsbekämpfung und Erhöhung der Bodenqualität durch Pflanzen von Mischkulturen ist zwar sehr interessant, hilft einem Blumengärtner wie mir aber nur partiell. Die größeren Effekte betreffen wohl den Gemüseanbau. Aber dass Kapuzinerkresse – deren Blüten auch noch toll schmecken – Pflanzenläuse jeder Gattung vertreibt, habe ich mir für alle Fälle gemerkt. Wenn wir – meine Rosen und ich – jemals wieder von diesen graugrünen Saugmonstern heimgesucht werden sollten, könnte sie ja zusammen mit den Marienkäfern so etwas wie eine schnelle Eingreiftruppe bilden.

Natürlich habe ich mir auch bald ein kleines Kräuterbeet angelegt. Schnittlauch, glatte und gekrauste Petersilie, Thymian, Majoran, Pfefferminze, Salbei und Baldrian. Der Baldrian gab als Erster den Geist auf, weil sich die Katzen der Gegend mit Vorliebe darin wälzten – ich kannte den Stock schon nach wenigen Tagen nur noch in die Horizontale gedrückt. Geblieben sind im Lauf der Jahre die Pfefferminze – die schießt jedes Jahr wie Unkraut aus dem Boden – und der Salbei. Die meisten anderen Kräutlein und Würzpflanzen sind einjährig, und ihre rechtzeitige Besorgung versäume ich oft oder verschiebe sie immer wieder, um es am Ende dann doch ganz sein zu lassen. Mein Salbei ist der King in seiner Ecke – er hat den Pflanzplatz der Blauregen-Anakonda eingenommen – und fühlt sich an diesem Ort sichtlich sauwohl. Er wird jeden Sommer mehr als einen halben Meter hoch. Ich lasse ihm seinen übermütigen Willen und freue mich über seine üppigen lila Blütenkerzen. Und mein Mann, der auch mein »privater Küchenchef« ist, könnte gar nicht mehr ohne ihn sein, sagt er.

Fasziniert hat mich von jeher die in Klöstern erfundene Kräuterspirale, weil sie Küchen- und Heilkräuter – je nach ihren Boden- und Feuchtigkeitsbedürfnissen – an einem Platz vereint. Als ich mir einmal genauer angesehen habe, wie kompliziert diese Anlage zu erstellen ist – man braucht auf jeden Fall einen Maurer dafür –, habe ich die Idee wieder fallen gelassen. Eines Tages wird genügend Zeit sein, um sich auch diesen kleinen Gartentraum zu erfüllen. Auch zum Wohl der Schmetterlinge.

Schmetterlinge sind längst Dauergäste in meinem Garten – und inzwischen entgeht meinen Blicken auch nicht der kleinste Zitronenfalter. Verwechslung ausgeschlossen. Der Kohlweißling von damals hatte sich wohl ohnedies nur verirrt. Dank meines Riesensalbeis wurde seit Jahren keiner mehr gesichtet.

So ein Garten zieht auch jede Menge anderer Tiere an. Nicht nur solche, die dem Gärtner weniger Freude machen – wie Schnecken, Ameisen und Läuse. Sondern auch viele, die das Herz erfreuen. Bienen und Hummeln beispielsweise. Und seit es mehrere Gartenteiche in unserer näheren Nachbarschaft gibt, verirrt sich sogar gelegentlich eine Libelle in unser Lufthoheitsgebiet.

Große Freudenbringer sind vor allem die Vögel. Dass sich Spatzen in trockenen Erdkuhlen neben den Kompostkisten oder in noch unbepflanzten Beetabschnitten lustvoll mit den Flügeln schlagend wie in einem Bad vergnügen, das kennen viele. Und auch die Amseln, die in der beginnenden Dämmerung den Rasen abmarschieren und Flügeltiere jagen, gelegentlich auch mal irgendwo einen Wurm ziehen, sind keine Besonderheit. Aber Kohlmeisen und die sich eher rarmachenden Blaumeisen schon. So wie die Wacholderdrossel oder der farbenprächtige Distelfink, auch Stieglitz genannt. Gelegentliche Buchfinken-Besuche sorgen dafür, dass die Terrassengespräche verstummen und in freudig-staunendes Beobachten münden. Besonders schön sind auch die Starenmännchen mit ihren schillernden Federschuppen anzuschauen. All diese schönen Federtiere gäbe es nicht zu sehen, wenn es den Garten nicht gäbe. Mit dem einen oder anderen Tier lässt sich sogar eine Art Kommunikation aufbauen. Im letzten Sommer tauchte eine vorwitzige Amsel auf, die sichtlich an einem »Gespräch« interessiert war. Sie beobachtete unseren entspannten Terrassen-Feierabend höchst interessiert, reagierte sogar auf leise Pfiffe und Lockrufe. Verrenkte sich vor Neugier schier das äugende Köpfchen und hüpfte – Futtersuche vortäuschend – immer näher. Dieses Spiel wiederholte sich Abend für Abend. Da das Tier an einem grauen Fleck an der Kehle zu erkennen war, wussten wir, dass wir es immer mit demselben Kerlchen zu tun hatten. Wir kamen auf die Idee, dem vorwitzigen Vogelabenteurer eine Überraschung zu bieten und zu beobachten, wie er oder sie darauf reagieren würde: Wir holten unseren transportablen CD-Player und legten eine CD mit 150 verschiedenen europäischen Vogelstimmen auf. Dieses Experiment wird für immer unvergesslich bleiben. Zuerst stand das Tierchen still und starr. Dann rückte es näher, hüpfte plötzlich hektisch zurück in Richtung Hecke, trippelte wieder näher. Es war deutlich zu erkennen, dass es Stimmen von anderen Vögeln gab, die interessierten, andere wiederum, die das Tier erschreckten. Bei einem bestimmten Vogelruf flog Graufleck sogar flatternd auf, und wir dachten schon, wir hätten ihn vertrieben. Aber schon nach ein paar Minuten siegte die Neugier, und alles begann von vorn. Ich weiß nicht, wem dieses ungewöhnliche Vogelkonzert mehr Freude und Aufregung gebracht hat – meinem Mann und mir oder unserem gefiederten Gast.

Vogellaute und Vogelgesang gehören ohnedies zu den besonders schönen Beigaben eines Gartens. Wenn man sie im ersten Morgengrauen zum ersten Mal hört, dreht man sich wohlig noch einmal im Bett um und genießt die letzte Runde Schlaf. Und wenn man tagsüber ein aufgeregtes Zilpen oder Geckern hört, weiß man: Da ist Katzenalarm. Auch das Gurren der gelegentlich in der Siedlung Rast machenden Tauben hört man gern – es erinnert an Urlaube im Süden. Die sich im Herbst und Winter auf den Dachfirsten versammelnden, nervös hin und her trippelnden Krähen scheinen interessiert in unsere Gärten herunterzuschauen. Je nach eigenem Gemütszustand jagen einem ihre merkwürdigen Krächzlaute Schauer über den Rücken. Mir tun diese schwarzen, großen Vögel immer ein wenig leid, weil man ihnen im Lauf der Jahrhunderte so viele abergläubische Schauergeschichten auf ihre unschuldigen Schwingen gepackt hat.

Aber nicht nur gefiederte Gartengäste sind im Lauf der Jahre zu verzeichnen gewesen. Vor ein paar Jahren suchte uns ein putziger Igel auf, der es sich zwischen den Kompostkisten bequem gemacht hat. Wir haben ihm getrockneten Grasschnitt und jede Menge Blätter von der Buchenhecke für ein Winterquartier angeboten, sind aber nicht sicher, ob er es wahrgenommen hat. Die Mäusefamilie unter den Terrassenplatten, die manchmal als huschende Schatten zu sehen war, ist nach dem Igelbesuch jedenfalls nicht mehr gesichtet worden. Die Eier, die ich dem Stachelmann ein, zwei Mal als Willkommensgruß vor den Blätterhaufen legte, sind jedoch angenommen worden. Die Schalen waren am nächsten Morgen jeweils geknackt und sauber ausgeleckt.

Der neueste Gast im letzten Herbst war übrigens ein Eichhörnchen, das sich wohl von unseren

Haselnüssen angezogen fühlte. Es wurde beob-
achtet, wie es von den Eichen, die die Wege zwischen unseren Hausreihen säumen, auf die Dächer
springt, die Firste entlangläuft und von dort aus
gute Abwärtswege in die Gärten sucht. Es balanciert
über Spaliere, wilden Wein, Wintergartendächer
und hochgewachsene Sträucher – bis es beispielsweise in unsere Korkenzieherhasel springt und darin verschwindet.

Es gibt viel Leben in und um so einen Garten herum. Dabei war noch gar nicht von den Katzen die
Rede. Aber das ist ein anderes, buchfüllendes Thema. Der Zitronenfalter jedenfalls versetzt auch sie
jedes Frühjahr in Aufregung.

Das Kettensägenmassaker

Nachdem sich in meinem Garten trotz diverser Rückschläge alles so schön entwickelt hatte, dass mir sogar Schmetterlinge durch ihren Besuch quasi ein Gütesiegel verliehen, wurde ich natürlich wieder übermütig. Ich bekam Lust auf die Blumenpflanzen, vor denen in meiner Kindheit gewarnt worden war. »Die sind undankbar!«, war ein warnender Satz einer meiner Großmütter, der sich natürlich nicht auf die Blumen selbst bezog, sondern auf deren Haltung. Deshalb gab es in unseren Gärten und Terrassen niemals meine Sehnsuchtsblume, die Begonie. Ihre strahlenden Blütenfarben und oft besonders schön gezeichneten Blätter übten auf mich von jeher eine große Anziehungskraft aus. Die festen, sich dicht drängenden und kunstvoll – fast origamihaft – gefältelten Blütenblätter saßen so königlich eingebunden in das Blattgrün, und in ihren

glasigen Stengeln konnte man fast das Wasser flie-
ßen sehen. Auf mich wirken Begonien auch heute
noch wie kraftstrotzende, durchtrainierte Sportle-
rinnen mit festen Muskeln.

Aber nein – wann immer es bei uns früher Balkon-
kästen oder Blumenschalen zu bepflanzen gab, immer wieder wurden die in meinen Augen langweili-
gen Geranien genommen. Sie entsprachen offenbar
dem gewünschten »Dankbarkeitsgrad«, waren also
pflegeleicht. Wer so wie ich als Kind stundenlang
verblühte Geranien zupfen musste, wird das vielleicht etwas differenzierter sehen. Allerdings standen die Gärtnerinnen meiner Familie mit dieser Ver-
narrtheit in Geranien nicht allein: Eine Fahrt über
Land zeigt, dass Jahr für Jahr Hunderttausende von
Balkonen und Fenstersimsen mit Millionen Gerani-
en bepflanzt werden. Das Voralpenland und die
Bergtäler sind fest in der Hand dieser meist ziegelrot
blühenden Hausverschönerer. Die Fremdenver-
kehrsprospekte dieser Gegenden strotzen nur so
von Hotel- und Pensionsabbildungen mit Geranien
»vor der Hütte«. Und ich gebe ganz ehrlich zu: Ein
Alpenhotel, das sich im Sommer diesen Blüten-
schmuck nicht leistet, könnte sich meines Misstrau-
ens sicher sein. Wenn Geranien auf dem Balkon fehlen, fehlen bestimmt auch der Föhn und die kosten-
lose Duschhaube im Bad. Und die Frühstückstische
sind höchstwahrscheinlich mit ekligen Plastikkübel-
chen bestückt, in die leere Butter- und Marmeladen-
portionspackungen versenkt werden müssen.

Das alles beweist hoffentlich: Ich leugne die At-
traktivität der Geranie nicht. Aber sie kommt eben
nur zu voller Wirkung, wenn sie einen Massenauf-
tritt hat. Die einzelne Pflanze kann der Schönheit
der Begonie nicht das Wasser reichen. Wasser ist allerdings auch der Haken an der Sache. Wasser von
oben. Ich habe den Kommentar von Großmutter auf
mein Gebettle nach Begonien noch im Ohr:

»Ja, schön sind sie – ohne Zweifel. Aber schau dir
doch einmal diese wässrigen Stengel an, und lass
dich nicht von ihrer scheinbaren Stabilität täuschen.
Sie halten vielleicht einen sanften Regen aus. Aber
schon ein einzelner, schwerer Regentopfen schlägt
sie glatt durch. Dann ist es vorbei mit der Freude.
Vom Hagel wollen wir erst gar nicht reden – der
macht auch stärkeren Kalibern den Garaus!«

Die Angst vor Hagel sitzt allen Bauersleuten in
den Genen, das verstehe ich auch. Die Ernte und damit die Existenz jedes Hofes hängt schließlich davon
ab, dass man vor Dürren und vor Unwettern ver-
schont wird. Ich bin inzwischen eine Städterin geworden und habe diese tiefsitzenden Ängste natur-
gemäß nicht mehr. Und deshalb wollte ich mir als
Neugärtnerin endlich den so lang gehegten Begoni-
enwunsch erfüllen. Ich wollte sie in Schalen pflanzen und links und rechts auf der Terrassentreppe
plazieren.

Das Gartencenter schien schon auf mich gewartet
zu haben. Ganze Tischreihen in allen Farben lockten
mich in einen Begonien-Kaufrausch, der nur durch

die beschränkte Aufnahmefähigkeit des Einkaufs-
wagens halbwegs im Zaum gehalten wurde. Pfei-
fend vor überschäumender Freude pflanzte ich zu
Hause die Farbenprächtigen in die Schalen: Eine
war mit Gelb, Weiß und Rot bestückt und die zweite
ganz in Orange. Es sah prachtvoll aus und verlieh
der Stufe in den Garten etwas Majestätisches. Fehlte
nur noch der rote Teppich. Ich setzte mich auf den
Rasen und betrachtete mein Werk mindestens drei
Zigaretten lang mit großem Wohlgefallen. Dachte
dabei an meine Großmutter und bat sie, bei Gott für
diesen Sommer eine Hagelsperre zu erwirken. Da
man nie so genau weiß, ob die Leitung nach oben
wirklich funktioniert, stellte ich sicherheitshalber
noch zwei alte Regenschirme griffbereit in die Sal-
beiecke. Sobald sich in den nächsten Wochen der
Himmel über das übliche Maß hinaus gewittrig ver-
finsterte, spannte ich die Schirme über den Begoni-
enschalen auf, verhakte die Griffe im Schacht des
Kellerfensters und hielt so schwere Regentropfen
von meinen Schönheiten mit den sensiblen Hälsen
fern. Das funktionierte natürlich nur, wenn ich zu
Hause war. Wenn sich solche Wolkenspiele und Ver-
finsterungen während meiner Bürozeit abspielten,
wurde ich automatisch nervös und unkonzentriert.
Manchmal rief ich meine nachbarliche Freundin an,
um sie zu bitten, die Begonien-Schutzschirme auf-
zuspannen. Das brachte mir zwar Hohn und Spott
ein, war es mir aber wert. Dieses Vorsorgesystem
funktionierte ganz gut. Weshalb ich das Risiko im

nächsten Jahr frohgemut erneut einging, zumal die großmütterliche Hagelfürbitte ja auch genutzt hatte: Nicht ein einziges Eiskorn war im ersten Begonien-Sommer vom Himmel gefallen. Aber im darauffolgenden Jahr hatte meine Oma im Himmel wohl Wichtigeres zu tun. Denn Asterix, Obelix und die anderen Bewohner des kleinen gallischen Dorfes hätten wohl angesichts der gleich zu beschreibenden Ereignisse ihre schlimmsten Befürchtungen bestätigt gesehen: Der Himmel stürzte ein.

Ich verließ an diesem strahlenden Sommermorgen – kein Wölkchen trübte das Blau – ohne Arg das Haus und machte mich auf einen ganz normalen, heißen Sommertag gefasst. Ich konnte nicht ahnen, dass ich nach meiner Rückkehr meinen Garten nicht mehr wiedererkennen würde. Ich spreche von dem Sommertag irgendwann in den 1980er Jahren, als in München die Hölle losbrach. Es war schwül, und die Kleider klebten uns allen am Leib. Ich hatte eine berufliche Verabredung in der Innenstadt und saß mit meinen Gesprächspartnern in einem Café mit nach draußen offener Glasfront. Mitten in unserem Gespräch wurde der Himmel in Minutenschnelle dunkelgrün, und man konnte schlagartig kaum mehr die Hand vor Augen sehen. Bevor ich auch nur denken konnte, dass diese Himmelsfarbe Hagel bedeutete, begann eine Art Weltuntergang. Es fielen Hagelkörner in der Größe von Golfbällen, mit der Wucht und Geschwindigkeit von Geschossen. Vor unseren Augen schlugen sie in die parkenden Autos ein und hinterließen handtellergroße Dellen im Blech. Sie zerschlugen Teller und Gläser an den vorderen Tischreihen derer, die halb im Freien saßen. Die Leute stürzten schreiend und ihre Köpfe mit den Händen schützend ins Innere des Cafés. Die Kellner bemühten sich, die Glasfront zu schließen, was nicht gelang, weil die eisigen Golfbälle schon zu hoch lagen. Es wurden immer mehr, und sie wurden immer größer. Einige davon hatten das Format von Tennisbällen angenommen. Diejenigen, die diese Hagelkatastrophe erlebt haben, werden sie nie vergessen. Die Glasereien und die Karosserieabteilungen der Autowerkstätten machten in den Tagen danach Jahrhundertumsätze. Die Forstverwaltungen hatten es mit riesigen Baumbruchschäden zu tun, deren Kahlstellen bis heute zu sehen sind. Das tosende Inferno dauerte etwa eine Viertelstunde, und danach kamen stellenweise Schneeräumgeräte zum Einsatz, um die Straßen wieder einigermaßen befahrbar zu machen.

Wenn ich an den Anblick meines Gartens denke, kommen mir heute noch die Tränen. Alle hochgewachsenen Pflanzen lagen mehrfach geknickt zwischen den noch immer nicht geschmolzenen Hagelkörnern. Der Boden war übersät mit kleingehackten Pflanzenblättern – ein einziger grüner Chlorophyll-Brei mit Eis vermengt. Die Rosen sahen aus wie gerupfte Hühner. Die Buchenhecke war fast so blattlos und lichtdurchlässig wie im Frühjahr. Der Bubikopf hatte die meisten seiner zahllosen Blüten verloren und hielt ein Dutzend Hagelgeschosse in seiner Krone gefangen. Es sah aus, als hätte ein Eisverkäufer seine Kugeln in meiner Stammrose verteilt. Und meine Begonien? Sie waren nur noch in Breiform vorhanden. Die Schalen sahen aus wie überdimensionierte Spinatteller. Fehlte nur noch, dass jemand »Blubb« gesagt und ein wenig Sahne darübergegossen hätte. In meinem wunderschönen Garten hatte ein Kettensägenmassaker stattgefunden.

Wie viele Menschen bei wirklichen Katastrophen, war auch ich so starr vor Schreck und Traurigkeit, dass ich nicht einmal geweint habe angesichts dieser Barbarei. Und dann fiel mein Blick auf ein paar Unverletzte und Überlebende, die sich irgendwie geschickt und geschmeidig weggeduckt hatten. Die biegsamen Heckenrosen beispielsweise waren relativ glimpflich davongekommen. Ebenso wie drei Gladiolen und eine Schwertlilie.

Aus Sicht meiner Großmutter gehörten auch sie zu den »undankbaren« Blumen, die leicht knickten und deshalb mit einem großen Pflegerisiko behaftet waren. Auch diese Warnung aus der Vergangenheit hatte ich in den Wind geschlagen und ein paar Zwiebeln besonders farbenprächtiger Exemplare in extra dafür angeschafften, tiefen Holztrögen direkt unter dem großen Wohnzimmerfenster angesiedelt. Die Flugbahn der Hagelgeschosse schien größtenteils in eine andere Richtung gegangen zu sein, denn wie gesagt, die meisten von ihnen standen unverletzt aufrecht. Wahrscheinlich hatten der Dachüberhang und die Terrassentrennwände sie geschützt. Sie wirkten wie staunende Zeugen eines blutigen Gewaltaktes.

Ich musste an die Felder wilder Gladiolen zwischen Augsburg und Landsberg denken, die sicher von diesem Unwetter total vernichtet worden waren. Und auch an die herrlichen Schwertlilien in der Nähe von Kloster Admont, die ich bei einer Steiermarkreise einmal bewundert hatte. Ich hoffte für sie, dass der Zorn Gottes sich lokal auf München und Umgebung beschränkt hatte. An diesem Tag wäre der Schaden auch für die Blumenbauern groß, die große Gladiolenfelder angelegt haben, die man – so wie Erdbeeren – selbst ernten kann. Eine clevere Geschäftsidee, die meine Großmutter in großes Erstaunen versetzen würde, wenn sie sie erlebt hätte. Wahrscheinlich hätte sie nur Verachtung dafür übrig, so wie für alles, was in Massen produziert wird. In dem Punkt komme ich ganz nach ihr. Als ich im Zuge der Ehec-Panik zum ersten Mal im Fernsehen die riesigen, bis zum Horizont reichenden Felder sah, von denen heutzutage unsere Salate kommen, war mir nicht mehr recht wohl. Unsere Pflanzen erleiden offenbar längst das Schicksal unserer Zuchttiere.

Die Aufräumarbeiten meines in kleine Stücke gehäckselten Gartens waren so etwas wie aktive Trauerarbeit und gaben doch auch Anlass zur Hoffnung. Das eine oder andere Stengelchen hatte sich wieder aufgerichtet. Die Kompostkiste nahm alles Übrige

dankbar auf – endlich war schon einmal »vorge-
kaut« worden ... Ich machte mich daran, die ver-
nichteten Blumen nachzukaufen, und gab mir besonders viel Mühe beim Einpflanzen. Ich beachtete
exakt die Pflanztiefe und -abstände und redete mit
den Neulingen. Die überlebenden Patienten brauch-
ten Kraft, um sich zu erholen. Sie wurden sorgfältig
gedüngt und mit frischer Komposterde versorgt, die
in diesem Fall einen heilenden Effekt – wie Hühner-
brühe bei Menschen – haben sollte. Die Rosen trieben schon bald neue Blätter aus und bekamen auf
diese Weise wieder Atemluft. Schon nach kurzer
Zeit hat mein Garten das Kettensägenmassaker an-
scheinend vergessen. Nur die Gladiolen und die
Schwertlilie standen immer noch still und starr. Vielleicht waren sie traumatisiert? Aber trotzdem öffne-
ten sie Blüte um Blüte auf ihrer Stengelleiter. Bald
welkten diejenigen in den unteren Etagen dahin, die
Zeugen des Gewaltaktes geworden waren. Die neu-
en gaben sich unwissend, so als sei nichts gewesen.
Sehr menschlich.

Der Giersch
hält die Welt zusammen

In meinem Garten Unkraut zu jäten hat mir seltsamerweise von Anfang an überhaupt nichts ausgemacht. Es geschah wie nebenbei, denn irgendetwas hatte man immer an den Pflanzen zu tun: hochbinden, Verblühtes entfernen, düngen, Erde anhäufeln oder den Boden lockern. Da hole ich unerwünschtes Kraut wie nebenbei aus dem Boden, ohne das Gefühl zu haben, ich würde jäten.

Doch eines Tages rieb ich mir die Augen: Ich sah nur noch grün. Alle Beete waren Handbreit hoch mit einem Kraut überwuchert, das ich vorher noch nie gesehen hatte. Viele meiner noch kleinwüchsigen Blumen mussten sich schier auf »die Zehenspitzen« stellen, um überhaupt in diesem Blätterdschungel noch Licht abzubekommen.

»Ach du lieber Himmel! Jetzt sucht dich der Giersch heim. Den kriegen wir nie mehr los – und das Allerschlimmste: Der wird auch bald bei mir auftauchen!«, stöhnte meine Rasenfreundin. Meine Gelassenheit – »Das kann doch kein Problem sein, den jäten wir eben aus« – wurde mit einem Augenverdrehen quittiert, und wieder einmal wurde mir klargemacht, dass ich keine Ahnung hätte. Was allerdings stimmte – auf den Giersch bezogen allemal. Der Giersch und ich, wir führen jetzt seit fast zwanzig Jahren einen Kampf, in dem der Giersch leider Sieger nach Punkten ist. Das eine oder andere Scharmützel habe ich zwar gewonnen. Aber nie den Krieg: Jedes Mal, wenn der Kerl ein paar Tage nicht mehr zu sehen ist, habe ich mich bisher zu früh gefreut. Inzwischen weiß ich, dass er in der Zeit, in der ich ihn oberirdisch abgeräumt habe, unterirdisch sein Terrain ausbaut. Das ist auch der Grund, weshalb man Giersch nicht jäten kann. Er wurzelt so tief, dass selbst Eisenhans mit all seinen Kräften nichts ausrichten könnte. Die Stengel mit dem Blattwerk reißen, wenn man kräftig zieht, und der Giersch lacht nur, weil er sowieso längst an drei neuen Austrittstellen nach oben bohrt.

Dummerweise hatte ich den leisen Verdacht, dass ich mir diesen Gierschlund selbst in den Garten geschleppt habe. Bei einem unvergesslichen Italienurlaub in der Nähe von Pistoia, weitab jeder Zivilisation, spazierten wir oft am Waldrand an Wiesen vorbei, auf denen Wildblumen wuchsen, die ich bei uns noch nie gesehen hatte. Ich streifte von vielen die Samen ab und nahm sie mit nach Hause. Da ist mir wahrscheinlich versehentlich auch die eine oder andere kümmelähnliche Frucht des Giersch in das Papiertütchen gerutscht. Dieser Urlaub ist unter dem liebevoll gemeinten Stichwort »Lumpenpack« in unser Beziehungsgedächtnis eingegangen: Zu dem Haus, das wir gemietet hatten, gehörten ein Hund namens Giorgio und zwei Katzen, die wir Miez und Maunz nannten. Sie waren alle drei so verschmust und anhänglich, dass sie uns auf allen Spaziergängen begleiteten. Von sich aus und ganz automatisch, wir haben sie nicht gelockt. Die Katzen sprangen voraus, der Hund trabte an unserer Seite. Manchmal war es auch umgekehrt. Das Ganze hatte etwas von den Bremer Stadtmusikanten, denn auch ein Hahn fehlte nicht, der uns beim Weggehen und beim Wiederkommen jeweils einen kräftigen Gruß krähte. Der Esel war wohl ich. Denn als uns die Fotos dieser Menagerie zufällig Jahre später wieder in die Hände fielen, kramte ich das Papiertütchen mit den Samen aus Pistoia heraus und säte sie spontan zwischen den Heckenrosen aus. Ich vermute, das Ergebnis war der Giersch, denn sonst tauchte nichts auf, was Ähnlichkeit mit den Wiesenschönheiten von damals hatte.

Man sagt, der Giersch sei ein wohlschmeckendes, spinatähnliches Gemüse. Da er mich wirklich sehr ärgert, habe ich nicht die geringste Lust, das zu überprüfen. Weder als Spinatersatz noch als Salat von den jungen Trieben. Im Mittelalter stand der heutige Gartenfeind angeblich in hohem Ansehen und wurde sogar ganz bewusst angebaut. Erstens als vitaminhaltiges Gemüse und zweitens als Heilkraut gegen Rheuma und Gicht. Wohl aus diesem Grund wird der Giersch im Volksmund auch Zipperleinskraut genannt.

Da erfahrungsgemäß da, wo Rauch ist, auch Feuer sein kann, gab mir dieser Populärname zu denken. Von erfahrenen Kräutergärtnern ist nämlich immer wieder zu hören, dass sich diejenigen Wildpflanzen in Hausnähe von sich aus und ungepflanzt ansiedeln, die die Bewohner für ihre Gesundheit oder Gesundung brauchen. Womit sie so etwas wie ein gesundheitliches Frühwarnsystem darstellen. Was wollte mir der Giersch also sagen? Dass ich demnächst Rheuma- oder Gichtanfälle zu gewärtigen hätte? Das wollen wir nicht hoffen. Allerdings finde ich dieses Thema hochinteressant – ich traue der Natur solche Fürsorglichkeit durchaus zu. Ich nehme mir immer wieder vor, die heilkräftige Bedeutung von ungebetenen Gästen im Garten nachzuschlagen. Was hat es zu bedeuten, dass plötzlich Brennnesseln an den Kompostkisten siedeln? (Die allerdings nicht da waren, als ich sie wegen der Läuse an den Rosen gebraucht hätte!) Und was haben die wilden Erdbeeren daneben zu suchen, die ich nie gepflanzt habe? Oder der Huflattich, der sich immer wieder zwischen den Terrassenfliesen herauszwängt? Ebenso wie die Blattrosetten des Frauenmantels, die sich teppichartig um die Korkenzieherhasel im Rasen ausbreiten? Ein weites Feld, das verdient, einmal näher betrachtet zu werden, wenn ich einmal viel Zeit habe.

Alles, was heute bei uns unter »Unkraut« firmiert, ist uns früher an Wegrändern und auf Wiesen begegnet (und es gab noch Mütter und Großmütter, die uns Kindern dazu etwas erklärt haben) – nur in unseren Gärten wollen wir diese Pflanzen nicht haben. Keinen Breitwegerich und keinen Spitzwegerich, keinen Huflattich und keinen Weißklee. Dabei hat jede dieser Pflanzen ihre eigene Schönheit und oft eben sogar Heilkräfte, von denen wir nur nichts mehr wissen. Der Beinwell beispielsweise, der bei Rückenschmerzen, Prellungen und Verstauchungen lindernd und heilend wirkt, den wir aber nur noch als Kytta-Salbe aus der Apotheke kennen. Beinwell im eigenen Garten zu haben wäre nicht von Schaden. Dasselbe gilt für Arnika, Kamille und viele andere, die uns als Kinder auf dem Schulweg am Wegrand begegnet sind.

Ich erinnere mich noch gut an den kleinwüchsigen, hellblauen Ehrenpreis, den man nicht pflücken sollte, weil es sonst bald regnen würde. Oder den Kriechenden Günsel, den man sich schon wegen seines merkwürdigen Namens gut merken konnte. Besonders auffällig war der kieselsäurehaltige Schachtelhalm, mit dem Großmutter Opas Zinnkrüge putzte und der ein Überbleibsel aus dem Zeitalter des Karbon ist, wo er bis zu dreißig Meter hoch wurde und den Urzeittieren Schatten spendete. Weißklee und Rotklee im Rasen machen Rasenfanatiker rasend, auf unserem Schulweg waren es wohlvertraute Wegbegleiter, die Farbpunkte in den Wiesen und Wegrändern setzten. Und in einem wirklich schönen Wiesenblumenstrauß durften neben Margeriten, Glockenblumen und Mohn natürlich auch die diversen Hahnenfüße nicht fehlen, ebenso wenig wie das Wiesenschaumkraut, die Wegwarte und der Sauerampfer mit seinen traubenförmig hängenden Blütenknötchen, die an einen wütenden Truthahn erinnern. Auch Zittergras und Wollgras durften in so einem Strauß enthalten sein, ebenso wie Pantoffelblümchen, Kuckucksnelke, Steinbrech und Storchenschnabel. Damals zeigten einem die Väter und Großväter noch, wie man auf einem länglichen Grasblatt gleichsam Trompete bläst und welche Gräser man aus ihrem Stengelschaft ziehen konnte, um darauf herumzukauen. Was einem die Mütter wieder verboten, weil man davon angeblich die Strahlenkrankheit bekam. (So seltsame Blüten trieb die Angst vor dem Hiroshima- und Nagasaki-Fallout und einem Atomkrieg in den 50er Jahren.) Wie man darauf kam, ist mir heute noch ein Rätsel. Und dann gab es noch die »Igitt«-Unkrautpflanzen bzw. -blumen. Allen voran der Löwenzahn mit seiner fleckenmachenden, klebrigen Milch, gleich gefolgt von der giftigen Wolfsmilch. Diese beiden will heute niemand im Garten haben, ebenso wenig wie das Kreuzkraut, das einem verunglückten, mehrstöckigen Huflattich ähnelt. Das Zittergras und das Wollgras hingegen haben es mittlerweile als Zierpflanzen in die Gärten geschafft.

Angesichts dieser Revue sollten wir uns wirklich gut überlegen, ob das Wort »Unkraut« nicht aus unserem Vokabular gestrichen werden sollte. Nicht aus politischer Korrektheit, sondern einfach deshalb, weil die Evolution sich bei jedem Kräutlein etwas »gedacht« hat. Es sind Futter- oder Heilpflanzen, nur »schön« und weiter nichts ist kaum eine von ihnen. Das ist übrigens bei den exquisiten Schönheiten in unseren Gärten nicht viel anders.

Aus diesem Grund kommt mir kein »Unkraut«-Vernichtungsmittel in meinen Garten. Auch nicht in Sachen Giersch. Wenn ich die entsprechende Fernsehwerbung sehe, die so tut, als stürben nur die Gierschwurzeln ab, wenn man damit punktgenau gießt, frage ich mich immer, wer das glauben soll. Und wohin dieses Gift wohl verschwindet? Ganz abgesehen davon möchte ich nicht, dass das Bodengetier damit in Berührung kommt und womöglich damit belastet und krank wird. All diese Millionen Lebewesen, die sich in einem einzigen Quadratmeter Gartenboden befinden, haben nicht nur ein Recht auf Leben, sondern werden auch gebraucht. Was mit überdüngten und pestizidgetränkten Böden passiert, erleben die Farmer in Amerika seit Jahrzehnten: Der Wind weht die Krume fort, es entsteht unfruchtbare Wüstenei. Und auch unsere Haustiere sollen diesen Giftcocktail – gegenteilige Versicherungen hin oder her – nicht von ihren Pfoten lecken müssen. Wenn diese angeblichen Pflanzenschutzmittel gesund für Mensch und Tier wären, bekäme man sie im Supermarkt oder im Tierfutterfachhandel als Nahrungsergänzungsmittel, und man müsste Obst und Gemüse auch nicht vor dem Verzehr waschen.

Wenn man einmal kurz von dem Ärger absieht, den der alles zuwuchernde Giersch verursacht, muss man seine triebhafte Überlebenstaktik fast bewundern. Denn er wurzelt nicht nur tief und vertikal, sondern auch horizontal. Das hat er sich wohl von den Pilzen abgeschaut. Denn das, was wir für Pilze halten, sind ja »nur« deren Früchte. Der Pilz selbst ist ein Geflecht von Zellfäden, Myzel genannt, das oft eine Ausdehnung von Quadratkilometern hat. Bei dieser unterirdischen Ausdehnung sagt der Giersch offenbar »Topp – die Wette gilt!« und hält sich womöglich für einen Verwandten der Trüffel. Wohl weil ihm noch niemand gesagt hat, dass zwischen einem Trüffelrisotto und einem Spinatgericht (selbst mit Spiegelei) ein himmelweiter Unterschied besteht.

So haderte ich also mit dem Giersch und versuchte, ihm auf den Grund zu gehen, und hadere weiter Jahr für Jahr. Der Giersch ist der schlaue Igel und gewinnt immer, so schnell ich als immer noch heuriger Gartenhase auch rennen mag. Während ich an diesem Buch schreibe, treibt er es wieder einmal besonders grün. Und damit er nicht so allein ist, hat er sich meine alte Freundin, die Ackerwinde, als Gespielin geholt. Die ist beim Nachbarn zur rechten eingefallen und rankt sich gerade an unseren Heckenrosen hoch, was die jedoch Gott sei Dank wenig kratzt. Aber auch am schönen, tiefroten Sommer-phlox – und ob der diese pflanzliche »Ringelnatter« mag, will ich stark bezweifeln. Entflechten kann ich das Stengelgewirr nicht mehr, dazu ist die Umrun-dung schon zu weit gediehen. Vielleicht bildet sich die Ackerwinde auf der roten Flammenblume ein, sie blühe selbst plötzlich rot? Und der Giersch hält sich für einen Trüffel. Und ich? Ich glaube an man-chen Tagen, dass die Welt nur noch vom Giersch zu-sammengehalten wird!

Von Hühnerkrallen
und Mauerkatzen

Nachdem die linke Terrassentrennwand zum rotblühenden Rosenparadies geworden war, fiel die betonnackte rechte umso mehr unangenehm auf. Meine spontane Idee, sie zu kacheln, wie ich es an vielen alten Häusern in Lissabon gesehen hatte, fiel aus Kostengründen und aufgrund mangelnden handwerklichen Talents aus. Den Beton einfach zu weißeln fand ich langweilig. Dann dachte ich über ein Gemälde nach, wie gute Graffiti-Sprayer es wohl mit Freude anlegen würden. Ein Ausblick aufs Meer beispielsweise. Nach dem Motto: »Schafft die Alpen ab, wir wollen freien Blick aufs Mittelmeer!« Oder vielleicht eine moderne Kopie von Caspar David Friedrichs »Kreidefelsen auf Rügen«? Auch eine hei-ter-pastellige Swimmingpool-Szene in der Manier von David Hockney oder ein melancholisches Fens-terbild von Edward Hopper hätte mir gefallen. Sein einsames Paar auf der Veranda oder die Szene in der gläsernen Bar wären doch echte Herausforderungen für Bilderfälscher. Von der meditativen Wirkung auf Feierabendstunden auf der Terrasse ganz zu schweigen. Da bot sich eine relativ große Fläche ganz legal zur Bemalung bzw. Besprayung an – und ich kannte keinen Sprayer!

Der kluge und gute Geist an meiner neuen Lebensseite sprach schließlich ein Machtwort: »Das ist ein Garten und kein Bahnhofsgelände! Hier muss eine Pflanze hin, das ist doch so klar wie nur irgendetwas!«

Darauf hätte ich wahrlich auch selber kommen können. Der Entschluss war damit gefasst, aber deshalb noch lange keine Entscheidung getroffen. Jetzt hatten wir die Qual der Wahl. Die Pflanze, die mir den Hockney oder den Hopper »ersetzen« sollte, musste auch genügsam sein, denn ich hatte bei meinen Freilegungsarbeiten im ersten Gartenjahr vor der rechten Betontrennwand nur eine Reihe der Bodenplatten für ein Beet geopfert. Als fetten Boden konnte man diesen schmalen Erdstreifen also nicht bezeichnen. Vielleicht ein Knöterich? Soll genügsam sein, blüht schön und wuchert fleißig.

»Verholzt und würgt!«, war der knappe Kommentar von nebenan. »Du hast wohl deine Anakonda-Erfahrungen mit der Glyzinie schon wieder vergessen? Vielleicht reißt der Knöterich die Trennwand ein? Dann habt ihr zwar keine freie Sicht aufs Mittelmeer, dafür aber zu den Nachbarn.«

Der Knöterich wurde also gedanklich fallenge-
lassen wie eine heiße Kartoffel. Dann fiel mir Mutters Geißblatt ein, das bei uns zu Hause »Hühnerkralle« hieß, weil seine weißlila Blüten Hühnerfü-
ßen ähneln. Das Gewächs war wintergrün, duftete
im Sommer und bis in den Herbst hinein wie ein
warmer Honigtopf mit Vanillebeigabe und war
dicht wie eine Wand. Ich hatte nur die besten Erinnerungen an diesen pflegeleichten Wucherer. Auch
an unserem italienischen Ferienaus in Lucca wuchs
ein Geißblatt an allen Verandasäulen, erinnerten wir
uns jetzt, allerdings weißblühend. Schöne, bauchige
Kegel, die ständig stark beschnitten werden mussten, um nicht das Dach zu erobern und die Satelli-
tenschüssel zu überwachsen. (Obwohl das bei
Berlusconis TV-Programm durchaus kein Schaden
wäre.) Der herrliche Vanilleduft durchdrang bei of-
fenen Terrassentüren und Fenstern das ganze Haus.
Bevor wir unsere italienische Vermieterin anrufen
konnten, um sie nach dem Namen dieser Geiß-
blattart zu fragen, fiel uns allerdings noch rechtzeitig ein, dass der Duft in ganz bestimmten Nächten
so stark war, dass wir nur schwer einschlafen konnten oder mit Kopfschmerzen aufwachten. Also vielleicht doch Mutters »Hühnerkralle«, die sich nicht
ganz so stark verströmte?

Das Gartencenter – diesmal alle Mitarbeiter in
Rosa – schien wieder einmal nur auf uns gewartet
zu haben. Das passende, hühnerkrallige Geißblatt
auch. Wir hatten »unser« Exemplar rasch ausge-

späht und waren schon dabei, es auf den Wagen zu heben, als die entscheidende Frage des Mannes mit dem rosa Schild kam:

»Haben Sie auch ein starkes Klettergerüst? Oder einen stabilen Zaun?«

»Wieso?«, fragten wir zurück. »Würgt es vielleicht?«

Jawohl. Die »Hühnerkralle« scharrt nicht – sie verholzt und würgt. Wir waren dermaßen frustriert, dass wir gar nicht erst auf die Idee kamen, nach Alternativen für unsere kahle Betonwand zu fragen. Und der Rosarote stand wohl kurz vor Feierabend und hatte keine Lust, durch Nachfragen bei offenbar schlecht gelaunten Kunden und Alternativangebote den pünktlichen Dienstschluss zu gefährden. Ich tätigte auf dem Weg zum Ausgang noch ein paar Frustschnäppchen in Form von Tischsets und farbigen Glasschüsselchen, und dann schwirrten wir unverrichteter Dinge ab nach Hause. Im Schatten der betongrauen Mauer besserten wir unsere ebenso graue Stimmung mit ein paar Gläsern Wein etwas auf. Das wäre doch gelacht, wenn wir dieser Wand kein freundliches Gesicht verpassen könnten, sagten wir uns schließlich. Als ich die Geißblattgeschichte am Telefon meiner Mutter erzählte, lachte sie nur:

»Das hätte ich dir gleich sagen können. Unter unserem Geißblatt ist doch ein doppelter Maschendrahtzaun. Der ist zwar aufgrund des Pflanzengewichts längst in sich zusammengesunken, aber man kann das Drahtgitter schon seit Jahren erfreulicherweise nicht mehr sehen. Was da ausschaut wie eine stabile Mauer, ist alles »Hühnerkralle« pur. Die ist so in sich selbst verwachsen, dass nichts mehr sie umhauen könnte. Außer einer Axt. Versucht es doch mal mit Efeu.«

Efeu! Dass wir darauf nicht gekommen waren! Eifriges Nachschlagen ergab viel Sympathisches. Er war ein Überbleibsel aus den Urwäldern des Tertiär, und die einzelnen Pflanzen konnte bis zu vierhundert Jahre alt werden. Er wäre also ein potentieller Methusalem in unserem Garten. In der Frühzeit umkränzte man die Götterhäupter mit Lorbeer und Efeu, und zwar quer durch alle Kulturkreise. Osiris, Dionysos und Bacchus – alle waren schon efeubekränzt abgebildet worden. Wo Efeu wuchs, vermuteten unsere Urururahnen, dass sich an diesem Platz die Götter gerne aufhielten. Warum nicht auch in unserem Garten? Göttlichen Beistand kann ja schließlich jeder brauchen. Dass der Efeu als Spätblüher eine Nahrungsquelle für Bienen, Hummeln und Wespen bis in den Herbst hinein war, sprach auch für ihn. Friedliches Gesumme und Gebrumme entspannt.

Ich weiß nicht, was uns am Ende vom Efeu wieder abgebracht hat, aber dass es klug war, beweist mir eine Geschichte, die Freunden in Düsseldorf dieser Tage passiert ist. Aufgrund der Sommerstürme hatte sich ein zehn Meter hoch gewachsener Efeu ganz oben von der Wand gelöst. Damit bot er Wind und

Regen ein »Einfallstor«, und diese zerrenden Wind-
kräfte und das Gewicht des Regens, das dadurch
plötzlich ins Innere des Geschlinges eindringen
konnte, brachte die fein ausgeklügelte Statik der
Efeuarchitektur ins Wanken: Die grüne Wand stürzte tonnenschwer mit Getöse um Mitternacht ab, weil
die Götterpflanze ihr eigenes Gewicht nicht mehr
tragen konnte. Und hätte dabei um ein Haar den süßen, rotfelligen Hauskater Rufus erschlagen.

Wir entschieden uns damals beim Wein irgendwann für die einzig richtige Wandmalerei – für Wein.
Wilden Wein. Vorher setzte ich allerdings noch ein
Experiment mit einer Clematis durch. Ich hatte dieses wunderbare, blaulilablühende Pflanzengeschöpf
bei Bekannten gesehen und war hin und weg. Dieses
dicht wachsende Blätterwerk, aus dem die seerosen-
ähnlichen Blüten zuhauf herauslugten, war einfach
prachtvoll. Und bei uns war noch Platz auf einem Rosenspalier – genau zwischen der rechten, kardinalroten Rose und der am Eck vor sich hin duftenden, ro-
safarbenen englischen, der mit den nadelspitzen
Dornen. Da hinein, direkt an die Rosenmauer wollte
ich diese Clematis setzen. Sie könnte die freie Hälfte
eines der Rosenspaliere mitbenutzen. Und wir könnten Erfahrung mit ihr sammeln, falls der wilde Wein
auf der gegenüberliegenden Wand mit dem kargen
Boden nicht zurechtkäme.

Über mangelnde Erfahrungen konnte ich mich
dann allerdings nicht beklagen. Denn diese Waldrebe war das platzgreifendste Wesen, mit dem ich es –

außer der Ackerwinde und dem Giersch – bisher im Garten zu tun hatte. Sie begnügte sich keineswegs mit dem halben Rosenspalier, nein, sie wucherte auch meine kardinalrote Schöne zu. In einer Windeseile, so dass ich es kaum mitbekam. Und als ich endlich eingreifen wollte, fing diese verflixte Waldrebe an, betörend schön zu blühen. Da stand ich nun, mit meiner Gartenschere in der Hand. Die Rose schnappte fast hörbar nach Luft. Ihre Blätter waren teilweise vor lauter Clematis-Überwucherung gar nicht mehr zu sehen, und sie trieb angstvoll nach oben aus. Nur dort konnte sie Licht bekommen und Knospen bilden – die Waldrebe war ihr aber auch dorthin dicht auf den Fersen. Ich wusste nicht, was tun – und ließ die Rose im Stich. »Nur dieses eine Jahr!«, entschuldigte ich mich bei den vorwurfsvollen Blicken der kopfschüttelnden Beobachter. »Ich kann die Rebe doch jetzt, mitten im Blühen, nicht killen.«

Das hätte ich nämlich tun müssen. Ausschneiden war nicht zu machen, so verschlungen war das kletternde Stengelgewirr in das Rosengezweig. Aber die Natur weiß sich zu helfen: Die Rose trieb von unten her neu aus, mit Knospen, und überließ der Besatzerin das Spalier – und ihre alten Äste.

Während dieses Rosen-Clematis-Dramas hatte mein Mann die Sache mit dem wilden Wein in die Hand genommen. Den schmalen Bodenstreifen geharkt und den immer noch zuhauf darunter liegenden Kies entfernt, gute Erde vom Kompost herangeschafft und die Dreispitzige Jungfernrebe – was für ein pompöser Name für einen wilden Wein – eingepflanzt. Sie hatte es anfangs nicht sonderlich eilig, ihre wandbedeckende Aufgabe wahrzunehmen. Wahrscheinlich wurde ihr angesichts der Klettergeschwindigkeit ihres Gegenübers, der Clematis, schwindlig. Aber immerhin hielt sie sich an die »Vorschriften« und färbte in ihrem ersten Herbst die dreispitzigen Blätter orangegelb und scharlachrot. Und sie hinterließ auch im Spätherbst, nachdem sie die farbige Blätterpracht abgeworfen hatte, die ersten Spuren ihrer kleinen Saugnäpfe in Form von dunklen Punkten an der Wand. »Aber immerhin: Endlich einmal kein Würger!«, dachte ich erleichtert.

Unter den liebevollen Männerhänden wuchs unsere Dreispitzige Jungfernrebe im nächsten Frühjahr zu rotgrüner und bronzefarbener Pracht heran. Sie hatte kapiert, dass die große Mauer nur für sie da war. Sie breitete sich aus, und wir konnten ihrem Wachstum mit Genuss zuschauen. Dabei wurde auch klar, warum der Volksmund sie »Mauerkatze« nennt. Sie schmiegte sich wie ein Katzentier an die Wand und füllte die Mauer, kletterte zu den Nachbarn hinüber und vereinte sich dort, auf dem Mauersims, mit einer weißen Clematis von drüben, die ich aber – im Gegensatz zu meiner – eiskalt beschnitt. Ich war mir nämlich nicht sicher, wie der Kampf der Giganten sonst ausgegangen wäre. Schließlich strebte die schmiegsame Mauerkatze unserer Hauswand zu, rankte hoch in den ersten Stock, trieb auch quer aus, und im Nu hatten wir ein wunderbar wildwein-bewachsenes Haus. Es sah sehr romantisch und an-heimelnd aus und rief bei Besuchern Entzücken her-vor. Die Romantik war allerdings mit Schnaken, Fliegen, Spinnen und Nachtfaltern verbunden, die ihren Lebensraum in unser Schlafzimmer hinein ausdehnten. Was eher ein zweifelhaftes Vergnügen war.

Inzwischen sind Jahre vergangen, und unsere Mauerkatze hat – mit Hilfe der Gartenschere – ihr rechtes Maß gefunden. Sie erfreut uns im Frühjahr und im Herbst mit ihren lodernden Rot- und Bron-zetönen und den Sommer über mit ihrem grünen Blattrelief. Wenn ihre Blätter dann Ende November gefallen sind, erfreuen wir uns an ihrem starken Rankengeäder, das die Wand überzieht. Dieses sieht dann aus wie eine Weltkarte, in der die großen Flüs-se eingezeichnet sind und die kleinen Punkte der abgestorbenen Saugnäpfchen Städte markieren. So regt unsere Mauerkatze sogar im Winter unsere Phantasie an. Sie ist eines der besonders geliebten Lebewesen in unserem Garten. Ein Gartenleben ohne die Dreispitzige Jungfrau können wir uns gar nicht mehr vorstellen.

Ein Hauch
von Süden

Als mein Garten sich immer mehr der Perfektion näherte – zumindest im Großen und Ganzen, denn wunschloses Glück gibt es für den Gärtner nicht –, setzte mir ein Geschenk einen neuen Floh ins Ohr. Der Verführer war ein gar nicht so kleiner Lorbeerbaum, der mir mit Fleurop ins Büro schneite und meinem Rosen-Bubikopf in der Form sehr ähnelte: Ein schlanker Stamm trug ein rund dressiertes Köpfchen. Ein würziges, muss man dazu sagen. Der Koch an meiner Seite war zunächst misstrauisch, weil sich angeblich vieles als Lorbeer ausgibt, was in Wirklichkeit keiner ist. Eine Handprobe erwies jedoch, dass wir es nicht mit einem Hochstapler, sondern einem Original zu tun hatten.

Ich war begeistert, allein schon von dem wunderschönen Terrakottatopf, in dem der »Suppenkopf« – auf diesen Spitznamen hatten wir den neuen Gast

in unserem Garten schon am ersten Tag getauft –
wurzelte. Der stramme Kerl nahm sich prächtig auf
unserer Terrasse aus, über der plötzlich ein Hauch
von Süden lag. Es kamen natürlich sofort wieder
bedenkenträgerische Einwände von nebenan:

»Den musst du im Winter ins Haus schaffen, das
ist dir hoffentlich klar? Bei uns überleben Lorbeer-
bäume den Winter im Freien nur im milden Rhein-
land und am Bodensee. Und auch nur mit viel Glück.
Im Keller ist es zu dunkel, also wirst du ihn ins
Dachstudio schleppen müssen. Ganz schön schwer,
das Ding! Aber du hast ja einen starken Mann an
deiner Seite!« Ich hörte am Tonfall, dass aber auch
ein bisschen Neid auf den Lorbeer mitschwang.
Trotzdem war der Hinweis berechtigt. Aber jetzt
stand erst einmal der Sommer bevor, und ich machte
mir keine Gedanken um das richtige Winterquartier
unseres gesundheitsstrotzenden Suppenkopfs.

Inzwischen hatten wir natürlich nachgelesen, was
der Lorbeer für eine Geschichte hatte, und erfuhren
dabei unter anderem, dass er im Übermaß genos-
sen Trancezustände herbeiführt und Bewusstseins-
störungen auslösen kann. Deshalb vermutete man,
dass die Priesterinnen des berühmten Orakels von
Delphi dem Lorbeer über Gebühr zusprachen. Nun,
die Gefahr bestand in unserem Fall nicht, denn die
zwei Lorbeerblätter in unserer Tafelspitzbrühe würden sicher keine Halluzinationen auslösen. Aber ich
wusste jetzt, warum mit Bedacht dieser Lorbeer
zum »Siegerkranz«-Geschenk für mich ausgewählt

worden war: Ich hatte eine Wette gewonnen, weil meine Voraussage in einer geschäftlichen Angelegenheit eingetroffen war. Delphimäßig sozusagen.

Leider wurde keine »Betriebsanleitung« für den »Suppentopf« mitgeliefert. Das störte mich nicht, aber den Lorbeer. Ich ging davon aus, dass er es gern warm hat und dass er gerne trinkt. War er doch im Süden zu Hause, und da machen es doch alle so – wir Kaltblüter aus dem Norden fahren genau deswegen zu Millionen jedes Jahr in diese Himmelsrichtung. Und so bekam er den sonnigsten Platz auf der Terrasse und wurde regelmäßig gegossen. Genau damit habe ich ihm allerdings wahrlich keinen Gefallen getan. Seine Blätter wurden trocken und immer trockener, bis sie schließlich abfielen. Der Suppentopf ging schon nach kurzer Zeit in die ewigen Pflanzengründe ein. Heute weiß ich, was ich ihm angetan habe. Es war so, als würde man einen bewegungsunfähigen Glatzkopf den ganzen Tag in die pralle Sonne setzen und ihm zur Abkühlung ein kaltes Fußbad andienen.

Nun war der schöne Terrakottatopf also unbehaust, und ich fand, dass er unbedingt einen neuen Mieter brauchte. Ich verfiel auf den Oleander, weil er auch Rosenlorbeer genannt wird, und ich fand, dass er sich mit diesem Namen geradezu als idealer Nachfolger für den an Hitzschlag hingeschiedenen Suppentopf auswies.

»Da hast du dir ja schon wieder so eine Giftspritze in den Garten geholt. Dein Fingerhut genügt dir wohl nicht mehr als eiserne Reserve für mörderische Notfälle!« Dieser nachbarliche Kommentar war zu erwarten gewesen.

Die Giftigkeit des Oleanders störte mich weiter nicht. Wir hatten nicht vor, ihn als Würze zu verwenden, und unsere beiden Katzenkinder gab es damals auch noch nicht. Wir hatten ein Exemplar mit unzähligen Blütenknospen erworben und warteten gespannt auf deren prachtvolle Explosion. Einige von ihnen taten uns auch den Gefallen, als dieser Prozess jedoch unversehens ins Stocken geriet. An der prallen Sonne konnte es diesmal nicht liegen, und die Wassergaben waren so reichlich wie vorgeschrieben. Dem Strauch ging es gut in seinem Topf – nur die Blüten beließen es bei halb geöffneten Knospen. Da half kein Zureden und kein Betteln. Diesmal hatten wir für die Überwinterung vorgesorgt und uns eine Gärtnerei als Pflanzenpension ausgeguckt, die den Oleander im Herbst, vor Beginn der kalten Nächte, abholte und bei ordentlicher Bezahlung im Glashaus unterbrachte. Dem Gärtner erzählten wir von der »Verhaltung« seines Wintergastes, und er klärte uns darüber auf, dass der Oleander ein Bodenzehrer ist, der stark und oft gedüngt werden muss, weil er die Erde, in der er lebt, geradezu ausplündert. Aha – wir hatten ihm also nicht die notwendigen Vitamin- und Mineralstoffgaben gegeben. Das sollte im nächsten Jahr anders werden.

Wurde es auch. Nützte aber nichts. Als unser südlicher Freund von seinem Winterurlaub zurückkam, war er offenbar beleidigt. So wie Katzen, wenn man sie zu lange allein gelassen hat. Auf jeden Fall dachte der Topfbewohner gar nicht erst daran, auch nur die kleinste Blütenknospe auszubilden. Er wirkte gesund, hatte aber wohl keine Lust, sich fortzupflanzen. Er kam daraufhin in gute Hände. In solche mit grünem Daumen. Und soll dort nach einem weiteren Jahr seine Bockigkeit aufgegeben und geblüht haben. Wir müssen gelegentlich an ihn denken – immer dann, wenn wir in einem Bildband Vincent van Goghs »Stillleben mit Oleander« begegnen.

Ich wollte meinen Traum vom Hauch des Südens auf unserer Terrasse auch nach diesem erneuten Rückschlag nicht begraben. Zumal ich den Oleander – im Gegensatz zum echten Lorbeer – ja nicht totgepflegt, sondern nur verärgert hatte. Das hieß für mich, ich war auf dem Weg der Wissenserweiterung und hatte keinen Grund, in Sachen Terrassenverschönerung aufzugeben. Natürlich war ich gleich wieder auf die ganz große Nummer aus und liebäugelte mit Zitronen- und Orangenbäumchen. Aber allein schon die entsprechenden Stichworte lösten lautstarke Abwehr bei meinen engsten Beratern in Gartendingen aus.

»Du glaubst doch nicht im Ernst, dass du auch nur eine einzige Zitrone hier ernten wirst? Außerdem war das Gastspiel der beiden Vorgänger in deinem geliebten Terrakottatopf dagegen ein Kinderspiel. Schon die Erdmischung für die Zitrone ist kompliziert. Die Wurzeln brauchen Luft, das heißt, du musst Blähton in die Erde mischen!«

Den konnte ich nicht ausstehen. Ebenso wenig wie die Philodendron-Hydrokulturen in den Büros. Diese armen Pflanzen kamen mir immer vor wie Holland-Tomaten, die nie einen Krümel Erde gesehen hatten. Nein, mit Blähton wollte ich nichts zu tun haben.

»Zitronen und Orangen gehören einfach nicht in unsere Breitengrade. Bei Blütensträuchern mag dieser Transfer zu uns in den Norden noch halbwegs angehen, weil sowieso weit über die Hälfte aller bei uns heimisch gewordenen Pflanzen und Blumen ursprünglich von weit her gekommen sind. Aber man kann es auch übertreiben mit diesem ständigen Habenwollen!« Aufgrund dieser Standpauke verabschiedete ich mich von den Südfrüchten. Allerdings nicht ohne den Meckerern noch etwas von den herrlich duftenden, weißwächsernen Zitronenblüten vorzumaulen.

Dann verfiel ich auf Buchsbäumchen. Die konnte man so herrlich zu den schönsten Figuren beschneiden. Da würde die elektrische Heckenschere, die sonst nur für die Buchenhecke am Zaun zum Einsatz kam, auch einmal künstlerische Dienste leisten können. Diesmal stieß ich allseits nicht nur auf Ablehnung, sondern erntete auch Hohn und Spott. Ich wurde als Liebhaberin von schick ondulierten Königspudeln, frisch aus dem Hundesalon kommend, verlacht und überhaupt wieder einmal als ziemlich verrückt bezeichnet. Aber zwei Hochstämmchen mit einem Kugelkopf – diese Wuchsform hatte es mir nun mal angetan –, die würden sich doch gut auf unserer Terrasse ausnehmen, protestierte ich.

»Genau. Und zwei weitere stellen wir links und rechts vor der Haustür auf. Dann wird es Anfragen regnen, wann wir unsere Boutique oder unser Restaurant eröffnen! Kannst schon mal die Damenkapelle bestellen, plus Stehgeigerin!«, lästerte mein Mann. Grinsend unterstützt von den Nachbarn zur Linken. Jetzt wurde ich wütend – und kaufte die beiden Buchsbäumchen erst recht. Sie standen ein paar Jahre wie Rasenwächter auf unserer Terrasse. Ich fand sie schön, und die vormaligen Kritiker gewöhnten sich auch irgendwann an sie.

Und dann kam meine Fuchsien-Phase. Ein Film über Englands Küsten und deren Gärten hatte mich hierbei inspiriert, wo die Fuchsien liebevoll sogar zu relativ großen, strauchähnlichen Höhen gezogen werden. Dass uns hier, vor den Toren Münchens, kein klimamildernder Golfstrom zur Verfügung stand, war mir klar. Und daher auch, dass meine neue Leidenschaft eine inhäusige Überwinterung – und damit eine Terrakottatopf-Schlepperei – zur Folge hatte. Mir hatten es aber nun mal die Fuchsien-Blüten angetan, die aussahen wie kleine chinesische Lampions mit Quasten. Es ergab sich ein unkompliziertes, mehrjähriges, glückliches Zusammenleben. Endlich hatten auch die mich umgebenden Skeptiker nichts zu meckern. Die Liebesgeschichte zwischen meiner Fuchsie und mir fand in einem Sommersturm mit hohen Windgeschwindigkeiten und schwerem Regen ihr trauriges Ende.

Meine Terrakottatöpfe blieben trotzdem im Lauf der Jahre nicht leer. Zuletzt wurden sie von prachtvollen Ochsenherz-Tomaten bewohnt, die ich selbst gezogen hatte. Aber das ist schon wieder ein Kapitel für sich.

Die grüne Kinderstube

Ein Päckchen Kresse-Samen hat mich auf die Idee gebracht. Es war ein Werbegeschenk, ich weiß nicht mehr, von wem und zu welchem Kauf es mich verlocken sollte. Auf einem beiliegenden Löschpapier war eine Zeichnung aufgemalt, und man sollte die Kresse-Samen in die entsprechenden Felder des nassen Papiers legen und auf das Wachsen des lebenden Gemäldes warten. Das Experiment gelang über Nacht, und ich war fasziniert. Heute – nach Ehec – würde ich das zwar nicht mehr wiederholen, aber damals wanderte die Kresse nach mehrmaliger Befeuchtung der Vliesunterlage und Erreichen von zwei Zentimeter Wuchshöhe in den Salat. Und in mir keimte die Idee, es doch selbst einmal mit der Pflanzenaufzucht zu probieren. Als Versuchskaninchen sollte ein Päckchen mit Lupinensamen dienen, das ich einmal im Gartencenter mitgenommen hatte, weil mir die ausgefallene Farbe – ein kräftiges Rotbraun, das ich noch nie vorher an dieser Pflanze gesehen hatte – so gut gefallen hatte. Das Tütchen ruhte schon seit Jahren zusammen mit anderen Samenpäckchen in einer alten Kaffeedose – und die darin verwahrten, pfefferähnlichen Samenkörner warteten auf ihre Wiedergeburt.

Ich erwarb diese praktischen Anzucht-Erdtabletten, plazierte sie in einer tiefen Schale auf der Wohnzimmer-Fensterbank, legte je ein Lupinensamenkörnchen in die Vertiefung und füllte die Schale bis zum Rand der Tabletten mit lauwarmem Wasser. Im Nu quollen die Erdtabletten zu kompakten Bällchen auf, die die kleinen Samen in ihrer Mitte einschlossen. Nun hieß es warten – und zwar mit Geduld. Eine Eigenschaft, die mir nicht gerade im Übermaß in die Wiege gelegt worden war. Weshalb ich quasi im Stundentakt zu meiner neuen Säuglingsstation marschierte, um zu kontrollieren, ob die von feinen Netzen zusammengehaltenen Erdbällchen noch feucht waren. Das war der vernunftgetragene Vorwand. In Wahrheit starrte ich natürlich in die Mitte, wo die Samen ruhten, da ich kaum erwarten konnte, dass sich da lupinenhaftes Leben regen würde. Nach zirka einer guten Woche wurde ich belohnt. Da spitzte etwas Weißgrünes aus der tiefbraunen Erde. Millimeterklein. Ich brach in Jubel aus. Zwei Tage später war der Durchbruch aller Sämlinge geschafft – das Experiment war geglückt, und es gab nicht einen einzigen »Versager«. Alle Samen waren angegangen. Und ich konnte nun Tag für Tag den Pflanzenbabys beim Wachsen zuschauen. Lupinen sind für so ein Vorhaben besonders gut geeignet, weil sie schon als Winzlinge diesen fächerförmigen, palmenähnlichen Blattstand aufweisen, an denen man sie erkennen kann. Die Mikropflänzchen wuchsen wie der Teufel, und ich wollte sie schon »auswildern«, als mir einfiel, dass das vielleicht noch zu früh war. Meine Mutter, die viele ihrer Blumen selber zog, hatte da meiner Erinnerung nach doch noch eine Zwischenphase eingezogen. Es fiel mir wieder ein: Pikieren nannte sie das. Wenn ich nicht wollte, dass mein Lupinennachwuchs von der Rauheit des Lebens im Freien dahingerafft würde – und da genügte wohl schon ein einziger schwerer Regentropfen –, musste ich ihm noch eine Umtopfung angedeihen lassen. Dafür wählte ich eine sehr große Glasschüssel, füllte sie mit Blumenerde und bohrte kleine Pflanzkuhlen. Dann zupfte ich das Haltenetz von den Anzucht-Erdbällchen, stocherte die Erde mit zwei Schaschlikspießchen vorsichtig auf und teilte sie, so wie man einen Serviettenknödel teit. So, dass die spinnwebfeinen Lupinenwürzelchen frei lagen und ich sie ganz vorsichtig in ihre neue Behausung transportieren konnte. Ich kam mir vor wie ein Mikrochirurg. Es war mir gelungen, keine Babylupine zu verletzen – weder am Austrieb noch an den Winzwurzeln. Ich hatte eine Heidenangst, sie in ihrem neuen Pflanzloch festzudrücken, und machte unter dem milden Lächeln meines Mannes (»Du wärst sicher eine überambitionierte Mutter geworden!«) eine Staatsaktion daraus. Und gegossen wurden diese kleinen Heranwachsenden mit einer Pipette. Sie nahmen die neue Kinderstube in der Schüsselinsel im Sonnenlicht an. Das Ganze sah aus wie ein Minipalmenwald und war mein ganzer Pflanzenmutterstolz. Endlich hatte ich einmal nichts falsch gemacht.

Meine Lupinenkolonie im großen Blumenbeet ist noch heute eine große Freude. Wobei sich auch da wieder Rätsel auftun: Im ersten Jahr blühten die Lupinenzöglinge in der rotbraunen Farbe, deretwegen ich das Samenpäckchen gekauft hatte. Alle Generationen danach – die, die aus herabgefallenen Samen von selbst kamen, aber auch die selbstgezogenen – waren plötzlich rot, weiß oder lila. Die Rotbraunen sind auf Nimmerwiedersehen verschwunden.

Die erfolgreiche Lupinensache war ein großer Ansporn. Und als ich immer öfter über die arterhaltende Arbeit der pflanzenschützenden und -bewahrenden Organisation Arche Noah las, die alte Pflanzensorten vor dem Aussterben bewahren und so etwas wie eine Zucht-Tauschbörse eingerichtet haben, war ich wie elektrisiert. Wenn ich einmal viel Zeit hätte, würde ich da Mitglied werden. Und überhaupt mehr Geduld aufbringen, um eine wirklich gute Gärtnerin zu werden. Eine, die nicht nur auf schnelle Erfolge aus war, so wie jetzt. Ein Katalog von Manufactum gab dann den Ausschlag: Dort bot man sieben alte, fast vergessene Tomatensorten

an, die ich natürlich sofort bestellte. Auch diese Anzucht gelang, und aus den kleinen linsenähnlichen
Tomatensamen – die beim »Schlüpfen« noch manchmal den kleinen Samen wie ein Tellermützchen auf
ihrem Austrieb trugen – wurden große starke Kerle. Ich hatte sie in den geschützten Holztrögen unter den Terrassenfenstern untergebracht, wo früher
die Gladiolen gehaust hatten. Sie trugen so viele
Früchte, als müssten sie allein gegen den Hunger in
der Welt ankämpfen. Da ich zu feige gewesen war,
die zahlreichen Achsentriebe rechtzeitig auszugeizen, also abzuzwicken, bevor sie sich zu einem neuen Ast entwickeln konnten, trugen sie schwer an
sich selbst, ihrem Blattwerk und den unzähligen
Früchten. Es war ein kompliziertes Stützwerk vonnöten, das am Ende oft aussah wie die »Brücke am
Kwai«. Es ist wirklich ein Wunder der Natur, wie
aus so einem kleinen Samen ein solches Kraftpaket
von Pflanze erwächst. Zelle für Zelle aufgebaut
quasi aus dem Nichts. Gespeist aus Luft, Erde, Wasser – und Zuwendung. Ich liebe diesen typischen
Tomatenduft, der intensiv an den Fingern haftet,
selbst wenn man nur ganz leicht über die Blatthärchen streicht. Dieser Duft ist übrigens schon bei
den allerkleinsten Pflänzchen vorhanden, und ich
musste hart an mich halten, sie in der Anzuchtzeit
nicht dauernd sanft zu berühren. Ich bin geradezu
süchtig nach diesem Duft, der unverwechselbar
und mit keinem anderen auf der Welt vergleichbar
ist.

Dummerweise hatte ich beim Aussäen die Tütchen mit den Sortennamen nicht zu den entsprechenden Sämlingen gesteckt, so dass ich nicht mehr wusste, wer wer ist. Nur das große Ochsenherz war unverkennbar und so gewaltig, dass schon bald absehbar war, dass es trotz richtigen Pflanzabstands die Nachbarn am Wachsen behindern würde. Ein Umzug in den Terrakottatopf war angesagt, und dort konnte die Pflanze ihre ochsenherzklopfende Lebensfreude ungehindert austoben. Geschmeckt haben alle Sorten ganz wunderbar – wir mussten einen Sommer lang keine Tomaten kaufen.

Nicht jedes Jahr ist genügend Zeit, um Tomaten selbst zu ziehen – es macht schon ein bisschen Arbeit, und es muss meditative Gelassenheit und Liebe vorhanden sein. Aber wir haben uns angewöhnt, Kerne von besonders wohlschmeckenden Tomaten – manchmal hat man ja Glück und bekommt noch welche – zu trocknen, um sie irgendwann zu ziehen. Das geht nur mit absolut reifen Früchten. Man muss die Kerne vom Tomatengallert befreien, sanft, aber gründlich abspülen und dann sorgfältig mit einem Küchentuch trocken reiben. Dann noch mehrere Tage an der Luft trocknen lassen, damit man der Schimmelbildung keine Chance gibt. In einem lichtundurchlässigen Papiertütchen im Dunkeln aufbewahrt, können die Samen auch noch nach Jahren wieder zur Tomatenpflanze werden. Das alte, immer wiederkehrende Gartenwunder kann erneut geschehen.

Der Supermarkt-Trick, die Staudentomaten an ihren Stengeln zu lassen und damit gärtnerische Authentizität vorzugaukeln, ist längst durchschaut. Meist sind es wässrige 08/15-Sorten, die im Übrigen beim Ernten noch nicht ganz reif waren. (Reife Tomaten erkennt man daran, dass sie sich ganz leicht vom kleinen ehemaligen Blütenstengel pflücken lassen.) Solche Sorten lohnen den Aufwand des Kernsammelns nicht. In der Tomatenfrage kann einzig und allein unser Geschmackssinn entscheiden, was zu konservieren sich lohnt.

Allerdings habe ich nicht vor, zur Gemüsegärtnerin zu mutieren. Es würde mir im Traum nicht einfallen, meine geliebten Blumen gegen Salatköpfe, Bohnen oder Gurken einzutauschen. Die Tomaten sind die absolute Ausnahme, zumal die schönen, tiefroten Früchte – ähnlich den Hagebutten der Heckenrose – höchst attraktive Farbpunkte im Grün darstellen. Nein, zur Gemüsegärtnerin werde ich nicht werden, schon allein deshalb, weil unsere grüne Schuhschachtel dafür viel zu klein ist. Zudem haben wir das Glück, einen wirklich guten Obst- und Gemüsehändler unseres Vertrauens zu haben. Er holt den Großteil seiner Ware aus der Region. Wir wissen immer, wo was herkommt. Es ist einfach ein gutes Zeichen, wenn der Kopfsalat und der Lauch Erde in sich tragen. Sie haben demnach Regen im Freien erlebt und mussten keine Bekanntschaft mit Berieselungsanlagen in Glashäusern oder riesigen Monokulturfeldern auf überdüngten Böden machen. Wir kaufen Erdbeeren zur Erdbeerzeit und nicht zu Weihnachten, essen Kirschen aus der Steiermark zur Kirschenzeit und Wachauer Marillen zur Marillenzeit.

Beim Thema Obst könnte ich allerdings gärtnerisch weich werden: So ein kleines Apfelbäumchen mitten im Blumengarten wäre schon schön. Im Frühjahr diese herrlichen Blüten und im Herbst ein paar Äpfelchen ... Mal sehen.

Von einem Experiment muss ich allerdings noch berichten, das uns derzeit in Atem hält. Es hat eine Vorgeschichte: Eines Tages stieß mein Mann im Internet auf eine interessante Adresse. www.erlesene-kartoffeln.de. Da wurden herrliche Kartoffelsorten angeboten, sogar die lange Zeit »verschollene« (von der Industrie mit Absicht verdrängte) Sorte Linda. Und eine sogenannte »Inselkartoffel« aus der Bretagne, die nahe am Strand wächst, mit Algen gedüngt wird und ein entsprechendes Aroma hat. Davon gibt es logischerweise nicht endlos viele, weshalb man sie zu einem Subskriptionspreis vorbestellen konnte. Das taten wir. Ist das nicht eine herrliche Idee? Wir subskribierten einen Zehn-Kilo-Sack und bestellten für die Wartezeit noch je ein Kilo von sieben verschiedenen anderen wohlschmeckenden Sorten. Wir fieberten dem Postboten entgegen und machten uns Gedanken, wo man denn heutzutage Kartoffelkisten für den Keller herbekam. Denn dass Kartoffeln dunkel gelagert werden müssen, das wussten wir beide noch aus unserer Kindheit. Natürlich gab es so etwas weit und breit nicht mehr, also wichen wir auf Weidenkörbe aus. Zunächst nahmen sie die Probiersorten in ihren Papiertüten auf (die rasch dahinschmolzen – eine wohlschmeckender als die andere). Und dann kamen eines Tages die ersehnten Meerkartoffeln. Das Warten hatte sich gelohnt. Wir frönten verstärkt der Kartoffelküche, und es kamen lang vergessene Kartoffelgerichte auf den Tisch. Wir schwelgten in Erinnerungen und hatten dabei unwillkürlich den faszinierenden Geruch von herbstlichen Kartoffelfeuern in der Nase. Und dann kam ich auf die Idee. Wir sollten ausprobieren, ob eine Kartoffel in unserem Garten wachsen würde. Ich wählte eine aus, an der man möglichst viele »Augen« sehen konnte, und setzte sie neben die große Pfingstrose ins Terrassenbeet vor der Rosenwand. Ich zupfte energisch ständig alles aus dem Beet, was da nicht hingehörte, damit ich ja den Kartoffelaustrieb nicht übersehen würde. Es passierte lange Zeit gar nichts, und ich schrieb die Sache schon ab. Nach mehr als drei Wochen war da plötzlich an der gekennzeichneten Stelle ein unbekannter Austrieb, und nach einer weiteren Woche war zu erkennen – es handelte sich um Kartoffelblätter. Während ich das hier schreibe, ist die Pflanze zirka dreißig kräftige Zentimeter hoch und hat mit ihren unteren Blättern offenbar auch bereits ein paar Schnecken glücklich gemacht. In ein paar Wochen werden wir sehen, ob das Sprichwort stimmt, dass die dümmsten Bauern immer die größten Kartoffeln haben.

Der Garten – eine unendliche Geschichte

Es gibt so vieles, was ich noch gerne in meinem Garten ansiedeln würde. Zum Beispiel zwei richtige Wunschbäume, die beide mit meiner Kindheit zu tun haben. Sie lösen gute Gefühle aus, wenn ich nur an sie denke. So wie Gärtnern ohnedies viel mit Nostalgie und Emotionen zu tun hat. Das wurde mir immer mehr klar, nachdem ich angefangen hatte, mich mit meiner kleinen, grünen Schuhschachtel zu beschäftigen. Es geht bei der Gartenarbeit in Wahrheit immer auch um Geborgenheit und um Beschütztsein. Alles Gute, das wir in jungen Jahren erfahren – oder im schlechteren Fall nicht erlebt, aber ersehnt haben –, wollen wir als Erwachsene, sturmerprobt und leiderfahren, im Umgang mit Pflanzen (und Tieren) wiedererleben und an sie weitergeben. Gärten sind wahre Ballungsräume von Emotionen. Eigentlich könnte es auch heißen: Wo man gärtnert, dorthin kehre ruhig wieder, böse Menschen knien nicht vor Pflanzen nieder.

Mein Wunschbaum Nummer eins ist der Holunder. Bei uns daheim kurz Holler – in Bayern auch Holder – genannt. Eigentlich nichts Besonderes, vielleicht sogar so etwas meist Nichtbeachtetes im Großen wie die Brennnessel im Kleinen. Karge Böden genügen dem Holler, und er wächst wie nebenbei. An Wegrändern, im Brachland. Hollerstauden waren auf der Landkarte meiner Kindheit Orientierungspunkte, die da waren und die man nutzte, aber die man nicht wirklich wahrnahm. Dabei ist der bogenförmige Wuchs der Hollerzweige von beeindruckender Eleganz – sie geben dem Baum eine angenehme, harmonische Silhouette –, und seine Blütendolden sind in ihrer Bescheidenheit wunderschön. Wer noch nie in Pfannkuchenteig getauchte und in Fett ausgebackene, mit Puderzucker bestreute Hollerblüten gegessen hat, der hat im Leben dringend etwas nachzuholen. Dasselbe gilt für die süße Hollerbeersuppe. Die machte meine Großmutter manchmal an fleischlosen Freitagen. Wir Kinder waren ganz wild darauf. Aber total unerreicht war Mutters Hollerkracherl-Produktion. Dafür ließen wir jede Almdudler-Limonade links liegen. Manchmal explodierte eine der Kracherlflaschen während der Gärung im Keller, dann gab es immer ein großes Hallo. Die wunderbaren Aberglaubengeschichten um den Holler sind mir ebenfalls unvergesslich. Da wimmelte es nur so von guten Geistern und Feen, die sich alle gern im und unterm Hollerbusch aufhalten.

Ja, so einen Hollerbusch hätte ich gern in meinem Garten. Aber wie gesagt, in meiner Schuhschachtel ist eben alles eine Platzfrage. Wenn ich es übers Herz brächte, die gelbweißblühende Spiere zu entfernen, die jetzt zwischen Kompostkisten und Heckenrosen residiert ... Aber es wäre gar nicht fein von mir, ihr das anzutun, nur weil mir der Sinn nach einem Hollerbaum steht.

Kommt Zeit, kommt Rat, und dann vielleicht doch irgendwo auch ein Plätzchen für einen Holunderbaum, der ja auch zum Sinnbild für eine Art verlorene »heile Heimat« geworden ist. Man denke nur an das »Tschüß, Bayernland«-Lied der Gruppe »Biermösl Blosn«:

Grüaß di God, Thujenzaun, pfia di God, Holler-
  staudn!
Grüaß di God, Ringkanal, pfia di God, Wasserfall!
Grüaß di God, Starkstrommast, pfia di God, Seidel-
  bast!

Aber auch für den aufmüpfigen Augsburger Bert Brecht war der Holler etwas Besonderes. Kurz vor seinem Tod schrieb er in Berlin mit *Schwierige Zeiten* ein Gedicht zu dessen Ehren:

Stehend an meinem Schreibpult
Sehe ich durchs Fenster im Garten den Holder-
  strauch
Und erkenne darin etwas Rotes und etwas Schwar-
  zes

Und erinnere mich plötzlich des Holders
Meiner Kindheit in Augsburg.
Mehrere Minuten erwäge ich
Ganz ernsthaft, ob ich zum Tisch gehn soll
Meine Brille holen, um wieder
Die schwarzen Beeren an den roten Zweiglein zu
   sehen.

Mein zweiter Wunschbaum, die Vogelbeere, auf »Hochdeutsch« Eberesche genannt, hat wohl weniger Dichter inspiriert, dafür aber hochambitionierte Schnapsbrenner. Die Vogelbeere gehört wahrscheinlich aufgrund ihrer Seltenheit zu den hochpreisigsten Destillaten der Schnapswelt. Ich bin keine Liebhaberin von harten Getränken, kann mich aber noch gut und gern an ein mittleres Vogelbeerschnaps-Gelage in Klagenfurt während der Ingeborg-Bachmann-Tage erinnern. Ich weiß nicht mehr, ob es etwas zu feiern oder zu betrauern gab. Aber ich weiß noch, dass ein gefürchteter Großkritiker seit damals bei mir den Spitznamen »Vogelbeer« weghat. Dieser Schnaps sprach ihn mehr an – und er ihm heftig zu – als so mancher Text der hoffnungsvollen Nachwuchsdichter. Jedes Mal, wenn ich ihn heute im Fernsehen wiedersehe, kommt es wie automatisch aus meinem Mund: »Da schau her – der Vogelbeer!«

Aber nicht der Schnaps ist der Grund, weshalb ich gerne eine Vogelbeere in meinem grünen Gartenblickfeld hätte, sondern ihr beeindruckendes Aussehen. Diese schönen, gefiederten Blätter haben es mir von jeher angetan, von den orangeroten Beeren einmal ganz abgesehen. Vielleicht finde ich einmal ein Plätzchen außerhalb des Gartens, aber in Hausnähe, wo so eine Eberesche sich gut machen würde? Über ihren Anblick würden sich bestimmt auch die anderen Anwohner freuen. (Illegal pflanzen statt illegal abreißen – das wär doch einmal etwas Neues …) Ich werde die Augen nach einer geeigneten Stelle im Niemandsland offen halten.

Es sind aber nicht nur der Holler und die Eberesche, die auf meiner Gartenwunschliste stehen. Ich sollte mich endlich an Dahlien heranwagen, die ich bisher gemieden habe, weil ich einmal Zeugin einer Freveltat geworden war. Auf einer Geburtstagsfeier, die in einem der schönsten privaten Gärten stattfand, die ich je sah: Ein langer Kiesweg, der zum Hauseingang und zur daneben liegenden Terrasse führte, war links und rechts mit prachtvoll blühenden Dahlien bepflanzt. Der zehnjährige Junge der Gastgeber bekam unter vielen anderen Geburtstagsgeschenken auch ein Schweizer Messer. Da ihn die Ansammlung von Erwachsenen samt ihren uninteressanten Gesprächen langweilte, begab er sich in den Garten, wo er sein Schweizer Messer ausprobierte. Er köpfte sämtliche Dahlien. Diese Geschichte ist mindestens dreißig Jahre her, wenn nicht länger. Trotzdem habe ich seither einen großen Bogen um Dahlien gemacht. Dabei sind sie so schön. Kleine botanische Wunderwerke.

Meinem experimentierfreudigen Übermut käme auch der fleischfressende Morgentau entgegen, den ich nur von Abbildungen und Filmen her kannte. Wäre doch interessant zu beobachten, ob er nicht nur Fliegen und Käfer, sondern auch ein winziges Stück Hackfleisch annehmen würde? Apropos Fleisch: Ich sehe derzeit überall in modernen Gärten Bambus wachsen. In meine bauerngartenähnliche grüne Schuhschachtel würde er so wenig passen wie die Zitrone oder die Orange. Aber wissen all die Gärtner, die ihn bei sich wohnen lassen, dass sie fast ein gierschartiges Risiko eingehen? Bambus wächst wie wild und in Affengeschwindigkeit. Auf dem Weg zu unserem italienischen Domizil befindet sich ein kleiner Bambuswald, der sich jedes Jahr verdrei- fachte – und mir gute Dienste tat, weil ich jedes Jahr einige Bambusgestänge mit nach Hause nahm. Sie sind ideal zum Hochbinden von Pflanzen. Bei mei- nen Tomaten kamen sie mir als Stützmaterial beson- ders gut zupass. Bambus treibt jede Menge Wurzeln aus, die sich unkontrollierbar unter Terrassen und Gartenhäuschenböden durchschieben und an Stel- len ins Freie treten, wo man sie nicht nur nicht ver- mutet, sondern auch partout nicht brauchen kann. Das Ganze geht mit einer erschreckend starken Kraft vor sich. Eine asiatische Foltermethode rau- her, vergangener Zeiten ist offenbar kein Gerücht, sondern war schreckliche Realität: Man fixierte ei- nen Delinquenten auf einem oder mehreren Bam- bustrieben und ließ ihn von der austreibenden

Pflanze durchbohren. Ein qualvoller Tod. Und eine glaubhafte Schreckensgeschichte. Man denke nur an das berühmte Foto des Löwenzahns, der sich durch eine Asphaltdecke gebohrt hat. Aber wie gesagt, Bambus steht nicht auf meiner Pflanzenliste. Ich habe ihn nur erwähnt, weil man aufgrund seiner zunehmenden Beliebtheit ein Auge auf nachbarliche Gärten haben muss, genau wie auf den grenzüberschreitenden Giersch und die schöntuende Ackerwinde. Motto: Schau, was kommt von draußen rein.

Aber ich habe dieses Jahr wenig Grund, Wunschlisten zu erstellen, denn ich werde alle Hände voll zu tun haben, die vorhandenen Gartenbewohner wieder zu hegen und zu pflegen und dem unkontrollierten Wildwuchs zu entreißen. Der hat leider das Zepter übernommen, weil uns inhäusige Arbeiten abgelenkt und wir die unter freiem Himmel Lebenden ein wenig zu sehr sich selbst überlassen haben. Sobald die Pflanzenbrüder und -schwestern merken, dass die ordnenden Hände fehlen, treiben sie die erstaunlichsten Kapriolen. Ähnlich wie Kinder, die ausgelassene Partys feiern, sobald die Eltern ein paar Tage abwesend sind:

Die Rosen treiben massenhaft Wildtriebe aus dem Boden, was sie Kraft kostet, die sie deshalb nicht für eine zweite Blüte haben; die Mauerkatze macht ihrem Gattungsnamen »Wilder Wein« alle Ehre und drückt ihre Haltesaugnäpfchen wieder einmal im

Sperrgebiet verbotener Höhen an die Hauswand; die Ackerwinde tanzt mit dem Giersch Ringelreihen und umschlingt alles bis hin zur Atemnot, was sich ihr auf der Tanzfläche in den Weg stellt, und das Moos feiert im Rasen fröhliche Urständ. Meine Freundin, die Rasenspezialistin, wohnt schon lange nicht mehr nebenan, und das ist in diesem Fall gut so, denn sie würde sich verzweifelt die Haare raufen.

Angesichts dieses lebensfrohen Treibens frage ich mich manchmal, ob die Pflanzenwelt nicht viel lieber ohne unsere ständigen Disziplinierungsmaßnahmen leben würde. Und auch, ob Adam und Eva im Paradies Beete und Spaliere hatten? Oder ist der Sündenfall auf einer ungemähten Obstwiese vor sich gegangen? Denn dass wir in unseren Gartenleidenschaften die Sehnsucht nach dem Paradies ausdrücken, das steht für mich außer Zweifel. Dafür spricht schon allein die Tatsache, dass beim Gärtnern so viel Liebe im Spiel ist.

Apropos Liebe: Es gibt seit einigen Monaten zwei Vierpföter in unserem Leben. Sie heißen Minki und Butzi und gehören der Ordnung nach den Katzenartigen an. Sie lieben den Garten heiß und innig. Schießen vor Lebensfreude den Flieder und die Korkenzieherhasel hoch und runter, verstecken sich hinter den Kompostkisten, sprinten über das Gartentürchen, wenn Hunde auf den Wegen unterwegs sind, und dösen unter den Pfingstrosen. Sie geben sich geschäftig und höchst interessiert, wenn wir Rasen mähen oder mit dem Giersch kämpfen, und sie eskortieren meinen Mann bis zur Grünschnittablagefläche, wie kleine Hunde vor und hinter ihm her hüpfend. Unsere Katzen haben ein Gärtner-Gen. Bessere Gehilfen kann sich unser Garten gar nicht für uns wünschen.

Grüner Dank

Spätestens am Ende dieses Buches will ich den Frauen meiner Familie – meiner Mutter, meiner Tante und meinen beiden Großmüttern – herzlich dafür danken, dass sie mich an ihrer Liebe zu den Pflanzen haben teilhaben lassen. Sie haben diese Hinwendung zum Grünen so gut in mir verankert, dass ich das Wesentliche – trotz meines Lebens in der Stadt – nie ganz vergessen habe. Vielleicht werde ich nie ihren grünen Daumen haben, der guten Gärtnerinnen und Gärtnern eigen ist – obwohl ich an manchen Tagen schon den Eindruck hatte, dass auch meiner ganz leicht grün zu schimmern beginnt. Aber Pflanzen sind sehr sinnliche Lebewesen und haben ein Gespür dafür, wer es gut mit ihnen meint. Davon bin ich überzeugt, weil ich es so erfahren habe. Nicht immer, aber oft genug.

Mein Dank gilt auch all jenen, die mir gute Ratschläge gegeben und mir zugehört haben. Und vor allem auch denen, die mich – zum Wohle der grünen Erdbewohner – von den größten Dummheiten abgehalten haben.

Mein intensivster Dank aber gilt den Pflanzen, ohne die wir nicht atmen und daher nicht leben könnten. Sie haben mir über so manchen Kummer hinweggeholfen und mich davon abgehalten, zu einer lediglich Funktionierenden zu verkommen. Sie haben mich »aufgetaut«, als ich zu vereisen drohte, und mir gezeigt, dass das Wort Wachstum ein sehr besonderes ist. Eines, das auf der Welt derzeit völlig falsch verwendet und interpretiert wird. Die Pflanzen haben mir für sehr wenig sehr viel zurückgegeben. Es geht mir gut. So gut, dass im Lauf meiner Gartenjahre aus dem »Ich« sogar wieder ein »Wir« geworden ist. Zwei Köche mögen den Brei verderben – zwei Gärtner sind im Gegensatz dazu aber auf jeden Fall besser als einer. Und jetzt, wo auch noch acht Pfoten dazugekommen sind – jetzt kann unserer kleinen, grünen Schuhschachtel gar nichts mehr passieren. Außer Hagel. Aber da sei meine Großmutter im Himmel vor.

Ein Buch mit Nebenwirkungen:
Glück, Gesundheit, Lebensfreude

Werner Bartens
Glücksmedizin

Was wirklich wirkt

Ein gesundes Leben zu führen ist eigentlich ganz einfach. Ohne schlechtes Gewissen und ohne die Einflüsterungen der Diät-, Wellness- und Pharmaindustrie lebt es sich nicht nur entspannter, sondern auch besser.

In Glücksmedizin finden Sie gesunde Hinweise zu lustvollem Essen und Trinken, zum passenden Gewicht, dem richtigen Maß an Bewegung, zu Nähe und Zuneigung.

»Herr Dr. Bartens, Sie sind ein gottverdammtes Genie!«   *Stern*

Droemer

Das besondere Geschenkbuch

Elma van Vliet

Mama, erzähl mal!
Papa, erzähl mal!

Das Erinnerungsalbum deines Lebens

Unsere Eltern sind Hüter eines ganz persönlichen Erinnerungsschatzes, den wir gerne bewahren möchten. Diese beiden liebevoll gestalteten Geschenkbücher enthalten all die Fragen, die wir unseren Eltern immer schon mal stellen wollten – und viel Platz, um die Antworten aufzuschreiben. Alles über Kindheit, Liebe, Freizeit und Persönliches: Was wolltest du werden, als du klein warst? Wer war deine erste große Liebe? Was würdest du rückblickend in deinem Leben anders machen?
Ausgefüllt, wird dieses Geschenk zu einem persönlichen und wertvollen Erinnerungsbuch für die ganze Familie.

Ebenfalls erschienen:
Oma, erzähl mal!
Opa, erzähl mal!
Du, erzähl mal!

Knaur